Dichter – Lichter
Literarisches zu Weihnachten

coortext

Dichter – Lichter

Literarisches zu Weihnachten

Herausgegeben von Marc Mandel
mit Texten von
coortext

*Bibliografische Information der Deutschen Nationalbibliothek:
Die Deutsche Nationalbibliothek verzeichnet diese Publikation in
der Deutschen Nationalbibliografie; detaillierte bibliografische
Daten sind im Internet über http://dnb.dnb.de abrufbar.*

*© 2020 Thomas Fuhlbrügge
Gestaltung: Daniele Ludewig und Thomas Fuhlbrügge
Das Copyright der einzelnen Texte liegt bei den
jeweiligen Autorinnen und Autoren.*

Buchcover: Germencreative

*Herstellung und Verlag: BoD – Books on Demand,
Norderstedt 2020*

ISBN: 9783752829723

coortext

das sind:

Oliver Baier
Ellen Eckhardt
Martina Füg
Thomas Fuhlbrügge
Hildegard Hillenbrand
Martin Kreuzer
Daniele Ludewig
Marc Mandel
Klaus Pfeifer

Inhalt

Vorwort Marc Mandel	11
Feiern mit der Familie Marc Mandel	13
Stille Hildegard Hillenbrand	15
O wie schön ist Weihnachten? Daniele Ludewig	17
Wer hat Angst vor Santa Claus? Oliver Baier	22
Guten Abend Alt und Jung Marc Mandel	28
Heilige Nacht Ellen Eckhardt	35
Igel Stachelspitz Hildegard Hillenbrand	39
Gerda Klaus Pfeifer	43
Zimtsterne Martin Kreuzer	51

Weihnachten 2019 Martina Füg	57
Baumsterben Hildegard Hillenbrand	64
Der Duft von Weihnachten Oliver Baier	66
Weihnachten Marc Mandel	68
Was gibt's zum Nachtisch? Daniele Ludewig	75
Das Christkind kommt Marc Mandel	80
Weihnachten im Zoo Martin Kreuzer	82
Mutter Rosa und die amerikanischen Soldaten Klaus Pfeifer	92
Die Weihnachtsgans Ellen Eckhardt	96
Perspektiven-Wechsel Martina Füg	101
Sylvester-Märchen Marc Mandel	102

Haikus Oliver Baier	109
Wo wohnt eigentlich das Christkind? Hildegard Hillenbrand	110
Longing for Christmas Martina Füg	117
Dornwald Thomas Fuhlbrügge	126
Esels Weihnachtsfreude Hildegard Hillenbrand	142
Rabattschlacht Marc Mandel	144
Leise pieselt Else Oliver Baier	146
Weihnachtszeit Hildegard Hillenbrand	147
Ein Weihnachtstraum in Prosa Marc Mandel	148

Vorwort

coortext

Wer ist das?

Oliver Baier, Ellen Eckhardt, Martina Füg, Thomas Fuhlbrügge, Hildegard Hillenbrand, Martin Kreuzer, Daniele Ludewig, Marc Mandel und Klaus Pfeifer treffen sich seit einiger Zeit in Griesheim bei Darmstadt. Alle schreiben ganz ungleiche Texte; Gedichte, Sketche, Satiren, Geschichten.

Nach einem gemeinsamen Essen reden sie über Ideen, Eindrücke, Fiktionen und sprechen über Pläne, Projekte, Poesie; vom aphoristischen Gedankensplitter bis zum prallen Entwurf paralleler Welten. Weit entfernt von Brauchtum oder gar abendländischen Traditionen.

Doch plötzlich stand – wie weiland in der Feuerzangenbowle – der Einfall im Raum, über Weihnachten zu schreiben. Von sittsam bis garstig sollten die Texte abbilden, was neun individuelle poetische Sichtweisen hergaben.

Entstanden ist daraus eine brillante Sammlung unterschiedlicher Texte zum Schmunzeln und Vortragen für Menschen jeden Alters.

Doch nicht nur den Lesern, auch allen Beteiligten wünsche ich frohe Weihnachten

Marc Mandel im Dezember 2019
Griesheim

Feiern mit der Familie
Marc Mandel

An hohen Festtagen besucht man Verwandte. Manche freuen sich über die angenehme Gesellschaft. Andere sind dankbar, dass wir nur einmal im Jahr Weihnachten haben. Natürlich wird der wandgroße Plasma-Bildschirm bestaunt und die elektronisch gesteuerte Kaffeemaschine. Mit dem neuen Tablet kann man Filme ansehen, Radio hören, Termine verwalten, E-Mails verschicken, ja womöglich sogar telefonieren.

Der Neffe erklärt der Tante den Laptop. Sie erfährt, dass ein digitales Fernsehmodul eingebaut ist. Und dass sie auf ihrer Festplatte Sendungen aufzeichnen kann. Sie hatte auch keine Ahnung von der kostenlosen weltweiten Internet-Telefonie. Und dass das Gerät ein Fax-Modem eingebaut hat. Dem Jungen entlockt das ‚sauschnelle' Funkmodul für Wireless Lan in ihrem neuen Computer ebenso viel Respekt, wie die »FireWire«-Schnittstelle für die Filmkamera.

Aber Erwachsene sind manchmal hinterhältig. So wirft die Tante die Mähne ins Genick, schiebt das Kinn nach vorne und fragt scheinbar beiläufig, wie man »FireWire« schreibt. Stille. Doch der Zwölfjährige denkt nur kurz nach, ruft Wikipedia auf und tippt in atemberaubender

Geschwindigkeit »i.link« ein. Sofort erscheint das Wort »FireWire«. »Siehste. Wenn Du Internet hast, brauchst Du Dir so was nicht mehr zu merken.«

Stille
oder: Weihnachtliche Morgenstimmung in Neutsch

Hildegard Hillenbrand

Es ist dunkel.
Früher Morgen.
Ich stehe am Fenster und schaue.

Nebel,
weiß gefroren,
abgelegt auf Bäumen, Wegen und Wiesen.

Der Apfelbaum auf der Wiese gegenüber,
sonst eher unscheinbar
im Schatten der großen Trauerweide
stehend,
strahlt hell und weiß
im Dunkel des frühen Wintermorgens.

Wie schön er ist
in seiner ganzen Würde.

Er wirkt so stolz,
so ruhig,
so unberührt.
Als wolle die Zeit stille stehen.
Als gäbe es nur Frieden in der Welt.

Es ist still.
Ich stehe am Fenster,
schaue,
horche,
trinke meinen Kaffee.

Friede ist in mir.

Oh wie schön ist Weihnachten?
Daniele Ludewig

Weihnachten kommt jedes Jahr und jedes Jahr läuft es gleich ab. Es wird Glühwein getrunken, Geschenke werden gekauft, bunte Kugeln aufgehängt und auf allen Radiokanälen trällert George Michael sein »Last Christmas«. An Heiligabend ziehen wir uns hübsch an und fahren zum großen Familientreffen mit Weihnachtsgans oder Kartoffelsalat mit Würstchen. Während das Auto mit den Geschenken vollgepackt wird, gibt es noch ein kurzes Brainstorming, ob man auch für jeden etwas hat. Ansonsten heißt es: Nochmal schnell irgendwo hin und irgendetwas kaufen, denn um 14 Uhr fällt die Schlussklappe und der Vorweihnachtsmarathon wird abrupt beendet.

Dann kommt Phase 2: Sich besinnen! Aber worauf eigentlich? Irgendetwas war da doch mit einer Jungfrau, die ein Baby bekam und drei alten Männern, die einem Stern folgten. Eigentlich eine völlig absurde Geschichte und doch bestimmt sie unser Leben maßgeblich. Die jährlichen Umfragen in den Fußgängerzonen, ob man denn wisse, was an Weihnachten gefeiert wird, zeigen allerdings, dass viele Menschen nicht mal das wissen. Ich dachte immer, dass die Radiosender uns mit den erschreckend unwissenden

Antworten veräppeln wollen, und dass das einfach nur lustig sein soll. Aber teils ist das bitterer Ernst. Man muss ja nicht daran glauben, aber man sollte zumindest wissen, was Weihnachten ist.

Auf jeden Fall hat es etwas mit Nächstenliebe zu tun und nicht mit Konsumrausch. Ab Anfang Dezember ist das Kaufverhalten der Bevölkerung jedoch regelmäßig eine Nachricht in der Tagesschau wert. Denn es ist wichtig für den Wohlstand unseres Landes, dass viel gekauft wird. Und die Menschen sind brav, sie gehorchen dem Aufruf. In der Stadt laufen Menschenmassen in eiligen Schritten umher, als wenn es morgen nichts mehr zu kaufen gäbe.

Große Tüten mit Geschenken in Überfluss, aber fröhlich sieht niemand aus. Es fühlt sich eher ein bisschen an wie Hamsterkäufe kurz vor dem Ausbruch des Vesuvs.

Meine Familie hatte mal beschlossen, dass wir uns nichts mehr schenken. Ein stiller Protest gegen diesen Konsumzwang, der völlig ausartet und überdeckt, worum es eigentlich gehen sollte. Dann saßen wir da, nach dem Entenschmaus, und es gab nichts auszupacken. Gott, war das langweilig, komisch und sogar ein bisschen lieblos. Also schenken wir uns wieder etwas. Aber nur etwas Kleines. Die Päckchen werden so ausgepackt, dass man das Geschenkpapier wiederverwenden kann. Der Umweltschutz zählt überall. Wie nervig eigentlich, nicht mal Geschenke auspacken geht ohne Moralkeule. Die Grünen und Greta Thunberg sollen doch stolz auf uns sein. Aus Protest zerknülle ich wenigstens einen Bogen Papier, der meiner Meinung nach wirklich mit vielen Klebestreifen übersäht ist.

Und wo ist da jetzt die Nächstenliebe? Man sollte meinen, dass sie dort ist, wo man seine Nächsten liebt, indem man sie beschenkt und zusätzlich die Konzerne mit Umsatz beglückt. Aber nein, das langt nicht. Die besten Bürger für diese Welt sind diejenigen, die ein zweigeteiltes Gewissen haben: Eine Kombination aus Konsumzwang und Nächstenliebe auch Fremden gegenüber. Diese Menschen sind den organisierten Bettlertruppen schutzlos ausgeliefert. Mitarbeiter und freiwillige Helfer von UNICEF & Co. lauern ihnen in der Fußgängerzone auf, um ihnen Bilder von schwarzen Babys mit großen traurigen Augen unter die Nase zu halten. Das soll an das Mitgefühl appellieren und die Geldbörse öffnen. Bei dem Versuch sich argumentativ herauszuwinden folgt ein kritischer, fast vorwurfsvoller Blick auf die große Einkaufstüte mit den Geschenken für die Familie. Um dieser Suggestion von schlechtem Gewissen zu entkommen, hilft nur ein klares Nein, ansonsten Bargeld zücken. Ja, ja … das Fest der Liebe.

Trost über die nichtgeplante Mehrausgabe findet sich anschließend in dem Gedanken, dass wir sowieso teilweise sogar ungeliebte Menschen beschenken müssen. Geschäftskollegen, der komische neue Freund der besten Freundin und Person X. In jeder Familie gibt es eine Person X, die immer dabei ist, aber mehr geduldet als gemocht wird. Da fällt mir ein, ich muss noch zu Aldi, um ein paar Billigpralinen für genau diese Leute zu kaufen. Schön eingepackt gehen die locker als Importware aus Belgien durch.

Und was bedeutet mir Weihnachten?

Es ist die Zeit in der etwas zu Ende geht und etwas Neues beginnt. Zwischen den Jahren tickt die Uhr irgendwie anders – langsamer, stiller. Ich habe Zeit, in mich zu gehen und Tabula rasa des letzten Jahres zu machen. Und ich erinnere mich an alte Zeiten, an ein bisschen heile Welt. Als Kind habe ich auch schon einmal ein Gedicht aufsagen müssen. Anschließend habe ich auf der elektronischen Orgel gespielt und mein Opa auf seiner Mundharmonika. Es sind schöne Erinnerungen, denn da waren wir alle noch zusammen. Während des Jahres ist die Familie zwar auch öfter einmal zusammen, aber an Weihnachten ist es irgendwie intensiver.

Ich finde Weihnachten einfach schön. Alles ist schön geschmückt, in den Städten riecht es nach gebrannten Mandeln und Glühwein, und überall leuchten Lichter. Und gäbe es Weihnachten nicht, dann käme einem die dunkle Jahreszeit ja noch viel länger vor. Man muss sich ja irgendwie die Zeit vertreiben bis zu Karneval und Ostern.

Wer hat Angst vor Santa Claus?
Oliver Baier

Bunte Lichterketten blinken kalt im farbigen Wechsel auf das Grau des welligen PVC Bodens. Die Luft ist von Desinfektionsmittel umhüllt. Scharf überdeckt es den metallischen Geruch. Voller Mühe vom Schmutz befreit. Kein Schnee. Fünfzehn Grad und Regen. Das einzig Weiße ist der Rest des Puderzuckers ihrer Vanillekipferl an den Nasenflügeln. Konstanze lächelt zufrieden. Nun ist sie eins. Mit sich. Keine Angst mehr. Hier oben im dreizehnten Stock bekommt sie nichts von der weihnachtlichen Stimmung auf den Straßen mit. Zum Glück. Seit Wochen hatte sie nicht mehr die Wohnung verlassen. Die Gefriertruhe ist prall gefüllt und summt selig. Die weiche Plastikplane nur noch eine Erinnerung im Raum. Sie traute sich nicht auf die Straße, denn Konstanze wollte ihm nicht begegnen. Einem, der in der Vorweihnachtszeit allgegenwärtig war: dem Nikolaus. Oder dem Weihnachtsmann. Santa Claus. Er hatte so viele Namen und geisterte seit Jahrhunderten durch die Kinderzimmer. In dieser Zeit ließ sie sich alles nach Hause liefern. Krankgeschrieben mit Magen-Darm oder einer anderen Ausrede. Sie war nie auf einem Weihnachtsmarkt. Der Betriebsfeier, von der alle schwärmten, blieb sie fern. Denn sie war: Santaclausophobikerin.

Jedes hohoho schnürte ihr den Hals zu. Sogar in der Werbung. Dann war sie wieder fünf Jahre alt. Konstanze hörte die schweren Stiefel auf der knarrenden Holztreppe ihrer Eltern. Ein Flashback. Die Bettdecke über ihre Augen gezogen. Am nächsten Morgen dann die bunte Rute und die gefüllten Stiefel mit den vielen Leckereien. Der 6. Dezember. Ein Tag des Grauens. Er war wieder in ihrem Haus, vor ihrer Zimmertür gewesen und vielleicht hatte er sogar die Tür geöffnet. Sah, wie sie unter der Decke vor Angst zitterte. Sie war nie artig genug gewesen. Das hatte sie von ihren Eltern immer wieder gehört. Sicher würde der Nikolaus oder Weihnachtsmann irgendwann herausfinden, dass sie eine Hochstaplerin und Lügnerin war. Er besaß doch dieses große Goldene Buch, in das alle Streiche eingetragen wurden.

Sie verstand nicht, warum dieser Mann jedes Jahr, seit Jahrhunderten immer wieder den Kindern Angst machte. An Weihnachten kam bei ihnen zum Glück das Christkind.

In der Schule sprach er durch seinen weißen Rauschebart zu ihr: »Na, Konstanze, warst du auch immer artig und brav? Oder hast du ein Geheimnis vor mir? Du weißt, der Nikolaus sieht und weiß alles.« Sie stand steif vor ihm und die

Lehrerin rüttelte an der Schulter: »Na los Konstanze, sei brav und erzähle, dass Du ein liebes Mädchen warst.«

Auch damals schaffte sie es, alle Beweise verschwinden zu lassen. Mit zufriedener Miene warf sie die Barbie ihrer besten Freundin Susanne in den See. Konstanze genoss die Tränen ihres Verlustes. Sah er dies in ihren Augen? Überall schien er zu sein. Versteckte er sich das ganze Jahr und beobachtete sie?

Auf der weiterführenden Schule glaubte ihr niemand, dass sie vom Nikolaus verfolgt wurde. Ihre Eltern lachten und meinten: »Du wirst schon sehen, dass er dir nichts bringt, wenn du nicht an ihn glaubst.« Sie würde diesem Mann nicht mehr begegnen, der ihr später auch als junge Frau zuzwinkerte. Widerlich so ein alter Sack.

Es ist vorbei, denkt sie sich. Ihre Hände brennen vom vielen waschen. Er wird nie mehr vor ihrer Tür stehen.

Sie drängt eine Panik nieder, als es wieder an der Tür klingelt. Der Blick durch den Spion fixiert den Boten des Lieferdienstes. Ruhig, Konstanze, sagt sie zu sich, es ist alles gut. Du bist in Sicherheit. Sie öffnet die Tür, bezahlt ihn und sieht die weinende Lucy von gegenüber - und einen Mann im roten Mantel. Ein kurzer Schrei. Das kann nicht sein. Er ist doch hier. Bei ihr. Panik ringt sie nieder. Ein Zittern. Dann wirft Konstanze die Tür zu und versteckt sich nach Luft ringend hinter dem Türspion.

Warum nur hatte dieses Mädchen so sehr geweint? Ein Blick zur Gefriertruhe. Sollte sie noch einmal nachschauen? Sie traut sich kaum, durch den Türöffner zu spähen. Der Nikolaus verschwindet eilig im Fahrstuhl. Ist die Luft rein, kann sie die Tür öffnen oder wird er zurückkommen? Sie überwindet ihre Starre.

»Hey Lucy, was ist los? Warum weinst du?« Konstanze dreht unruhig ihren Kopf abwechselnd zum Fahrstuhl, dann zu Lucy.

»Ach Frau Berger, ich habe den Nikolaus erkannt.«

»Moment Lucy, du hast was?« Ihre Frage etwas zu laut und schrill.

»Ich weiß, wer es ist und jetzt habe ich auch kein schönes Weihnachten mehr. Der Weihnachtsmann ist dann bestimmt auch mein Onkel Flo.«

»Der eben verschwunden ist?«

»Wer denn sonst? Hast du noch einen gesehen?«

»Warum soll das denn dein Onkel sein, Lucy? Weiß er etwas vom Goldenen Buch?«

»Du meinst, das, was der Nikolaus in der Schule dabei hat und in dem nichts drin steht?«

»Da steht nichts drin, aha. Aber er bringt doch nachts die Geschenke, Lucy. In Amerika sogar durch den Schornstein.«

»Nee Frau Berger, das sind leider immer die Eltern.«

»Die Eltern, ja klar. Aber, wenn es den Nikolaus gar nicht gibt, Lucy?«

»Dann glauben da nur Babys dran,« Lucy unterbricht sie. Eine Achtjährige.

»Und was ist mit den bösen Kindern?«

»Ach Frau Berger, das weiß doch jedes Kind. Liebe Kinder kommen in den Himmel und böse überall hin. Ich gehe jetzt mal meinen Schokonikolaus köpfen, und morgen petze ich es Mia, die glaubt mit acht immer noch daran. Tschüss.«

»Tschüss. Lucy.« Konstanze schließt die Tür. Schokonikolaus. Sie beginnt zu weinen. Köpfen. Das Weinen weicht einem Lächeln und dann einem irren Lachen. Sie öffnet die Balkontür und schreit aus vollem Hals: »Es gibt keinen Nikolaus mehr. Dich hat es nie gegeben. Niemand wird dich vermissen. Du liebst es doch kalt. Fühle dich, wie daheim. Du machst mir keine Angst mehr.«

Sie zündet sich eine Zigarette an und bläst den Rauch in den Himmel, erleichtert dreht sie sich vom Balkon zur Tür um. Immer noch dringt dieser metallische Gestank nach draußen. Als sie das Klingen der kleinen Glöckchen hört, schüttelt sie irritiert den Kopf. Wieder Halluzinationen? Die Hand auf ihrer Schulter lässt sie erstarren. Der weiße Bart kitzelt an ihrem Hals, als er mit einem Blick zur Küche sagt: »Der Weihnachtsmann sieht und weiß alles. Ich kenne dein Geheimnis.«

Konstanze wird schwindelig. Ihre Beine geben nach, das hohoho im Fahrstuhl, die Glöckchen an ihrem Ohr, das Zwinkern und der leere Blick von der Plane. Diese Riesensauerei, das viele Blut und das Putzen in Ekstase. Noch bevor sie stürzt, schaut sie ihn aus großen Augen an: »Und wer um Himmels willen, liegt dann in meiner Gefriertruhe?«

Guten Abend Alt und Jung
Marc Mandel

Es war einmal ein Junge. Der hieß Leon. Er war gerade elf Jahre alt. Leon hatte eine Schwester namens Hannah. Die war zwei Jahre jünger.

Gerade hatten beide einen Wunschzettel verfasst. Das Kalenderblatt an der Wand zeigte nämlich den ersten Dezember. Ganz oben auf diesen Briefen stand ‚Lieber Nikolaus.' Es folgte jeweils eine ziemlich lange Liste. Beide bemühten sich um ihre schönste Schrift.

Unter die Wünsche schrieben sie ein artiges Dankeschön. Bevor die pfiffige Hannah den Wunschzettel jedoch auf die Fensterbank legte, setzte sie noch ein ‚P. S.' darunter. Dahinter stand: ‚Und wenn es geht, ein Smartphone'.

Leon lachte, als er es sah. »So etwas gibt es nicht vom Nikolaus. Dazu haben wir zu wenig Geld. Hat Papa gesagt.«

»Schade, dass es den Nikolaus nicht wirklich gibt. Der hätte Geld ohne Ende«, Hannahs Mundwinkel sanken nach unten, »Trotzdem. Du hast doch auch ein Smartphone.«

»Ja, das alte von Mom.« So nannten sie heimlich ihre Mutter. »Aber das habe ich zum Geburtstag bekommen, als ich acht Jahre alt wurde.«

»Angeber. Nur weil Du zweiundzwanzig Monate älter bist.«

Leon war aber ebenfalls nachdenklich geworden. »Schade, dass Papa arbeitslos ist. Sonst wären wir nicht so knapp.«

»Du hast wohl Recht.«

Der Junge dachte nach. Dann ergänzte auch Leon seinen Wunschzettel. »Und wenn es geht, ein Tablet. Mit W-Lan und LTE und mindestens 64 Gigabyte.«

»Es heißt 64 Gigabytes«, fuhr ihm die kleine Schwester dazwischen, »das ist Plural. Sollte ein Gymnasiast eigentlich wissen.«

Leon holte tief Luft: »Wenn ich meine schlaue Schwester nicht hätte.«

»Außerdem ist das Tablet noch teurer, als mein Smartphone. Beides geht gar nicht. Ein Tablet ist unverschämt. Streich es weg, Du Gierschlund.«

»Ein Tablet ist gut für den Unterricht. Das begreift man nicht, wenn man eine Grundschule besucht. Dazu bist Du noch zu klein.«

»Mädchen haben mit neun mehr Grips als Jungs, die viel älter sind.« Sie schlug mit einer Zeitschrift nach ihm.

Plötzlich ging die Deckenlampe aus.

Es war sechs Uhr abends. Das fahle Licht einer Straßenlaterne ließ nur die Umrisse der Möbel erkennen. Bis sich ihre Augen an das Dämmerlicht gewöhnten, brauchten sie ein paar Minuten.

Da trat eine Gestalt vor das Fenster.

Die Kinder wagten es nicht, sich zu bewegen.

Offensichtlich ein Mann. Mit einem grauen Bart. Ziemlich ungepflegt. Der Mantel machte den gleichen Eindruck. Er war ihm bestimmt ein paar Nummern zu groß und hatte Löcher. So kamen Obdachlose daher. Auf dem Kopf trug er eine seltsame Mütze, die erst breiter wurde und oben spitz auslief. Einen langen Stab aus grob behauenem Holz trug er in der rechten Hand.

»Habt guten Abend, alt und jung. Bin allen wohl bekannt genung. Ich bin der Nikolaus. Ach was, Ihr dürft mich Klaus nennen.«

Hannah stand wie erstarrt. Aber ihren Mund konnte sie nicht halten: »Und jetzt erzählst Du uns, dass Du von Drauß' vom Walde herkommst.« Ihr gelang sogar ein vorsichtiges Grinsen.

»Allüberall auf den Tannenspitzen sah ich güldene Lichtlein blitzen.«

»Du bist ein Betrüger. Ich glaube Dir kein Wort.« Hannah war hellwach.

Auch Leon meldete sich: »Übrigens hat der Nikolaus einen weißen Bart. Und einen roten Mantel, und, und ...«

Hannah kam ihm zu Hilfe: »weiß abgesetzt mit Fell, ebenso wie die rote Mütze. Mit weißen

Fell drum'rum. Und rote Stiefel. Du bist ein Betrüger.«

»Schade, dass Ihr mich so schnell durchschaut habt«, der Mann senkte traurig die Augen, »ich komme lediglich vom Paketdienst.« Er drückte Hannah zwei Päckchen in die Hand.

Noch während sie zugriff, fuhr ein Blitz durch die Wohnung. Hannah und Leon schlossen die Augen.

Es war totenstill.

Vorsichtig schob Hannah ein Lid nach oben. Die Zimmerlampe brannte. Sie waren allein. »Du kannst die Augen öffnen, Leon. Er ist weg.«

Leon schrie so laut, dass die Mutter durch die Tür schoss: »Was ist hier los?«

»Ein Penner war hier. In diesem Zimmer«, sagte Hannah cool.

»Wie sah er aus?«

»Mittelgroß, grauer Bart, komische Mütze, ein Mantel, der ihm viel zu groß war. Soll ich ein Phantombild von ihm zeichnen?«

»Das Licht ging aus«, fiel ihr der Bruder ins Wort, »dann, dann stand er urplötzlich vorm Fenster«, Leon bekam kaum Atem, »dann, dann hat es geblitzt. Und dann war er weg.«

»Wir wohnen im vierten Stock. Ich war nebenan in meinem Zimmer. Die Tür zum Flur war offen. ich hätte etwas gemerkt.«

»Er hat gesagt, er kommt vom Paketdienst, Mutter.«

»Dann hätte ich doch wenigstens die Klingel hören müssen.«

»Und das hat er dagelassen.« Hannah zeigte der Mutter die beiden Päckchen.

»Seltsam, sie sind an Euch adressiert«, die Mutter blickte auf den Absender, »sie kommen wahrscheinlich aus China oder so. Diese Hinkelzeichen kann ich nicht entziffern. Habt Ihr etwas bestellt?«

»Nein«, kam es von beiden wie aus einem Mund.

Der Vater war eingetreten, nahm das kleinere Päckchen, riss es auf.

»Halt Lukas, das können Briefbomben sein«, warnte die Mutter.

»Unsinn, dann wären sie jetzt ja explodiert.« Der Vater nahm ein originalverpacktes Smartphone aus dem Paket. »Das neueste Modell. Direkt aus Seoul. Das ist für Dich, Hannah.«

»Dann ist das hier mein Tablet«, Leons Augen blitzten.

Die Mutter setzte sich langsam: »Wir haben das nicht bestellt. Wo kommt das her? Und wenn jemand hier war: Wer war der Typ bloß?«

»Denk' doch mal rational. Die Kinder haben sich das eingebildet. Sonst hätten wir doch etwas mitbekommen. Gleich nebenan. Es war niemand hier. Vielleicht sind wir ja gar nicht wach. Wir träumen das alles nur.«

Leon boxte ihm auf den Arm. »Nein, nein, nein. Der Nikolaus war hier. Der konnte doch gar nicht wissen, was wir uns wünschten. Sobald wir es aufgeschrieben haben, war er da. Er sah anders aus, als wir ihn uns vorstellten. Okay. Aber er hat mir ein Tablet gebracht.«

»Und mir ein Smartphone.«

»Wir lassen Euch jetzt allein. In zehn Minuten gibt es Vanillepudding«, sagte die Mutter bedächtig, »rührt nichts an. Wenn die Sachen morgen früh noch da sind, reden wir weiter.«

Als beide die Tür hinter sich geschlossen hatten, erlosch die Deckenlampe erneut.

Nach und nach materialisierte sich die Gestalt des bärtigen Mannes vor dem Fenster. Er hob den Finger vor die Lippen. »Alle rotweißgekleideten Nikoläuse sind Schauspieler. Ich bin der Echte. Mich gibt es tatsächlich. Erwachsene können mich nicht sehen. Nur Kinder. Und nur so lange, wie sie an mich glauben.«

Da erklang eine kleine Melodie. Langsam wurde sie lauter. Wie von Zauberhand öffnete sich das größere der beiden Päckchen. Der Bildschirm des Tablets leuchtete auf. Ein Gesicht erschien. Es war das Gesicht des bärtigen Mannes. Seine tiefe Stimme erklang aus dem Tablet: »Bald kommt mit seinem Kerzenschein, Christkindlein selber zu euch herein. Heut hält es noch am Himmel Wacht; Nun schlafet sanft, habt gute Nacht.«

Der bärtige Mann war verschwunden.

Heilige Nacht
Ellen Eckhardt

Dieses Piepen. Es nervte. Und hörte nicht auf.

Wo war sie? Lichter schimmerten. Die Decke weiß. Ein Bild an der Wand. Rechts von ihr ein Schneeflocken-Fenster. Graues Licht. Woher kamen diese Schmerzen in der rechten Hand? Vielleicht von der Nadel mit einem Schlauch dran? Das Piepen war hinter ihr. Ob sie sich umdrehen sollte? Wie ein Messerstich schoss es ihr in den Kopf. Das Piepen wurde schneller. Eine Tür ging auf.

Jemand mit blauem Oberteil. »Hallo, alles ist gut. Schön, dass sie wieder wach sind. Sie sind in der Klinik Groß-Umstadt. Ich bin Frau Herms.«

»Das Auto – das Wasser – ein Hund.« Kati stammelte.

»Sie wurden unterkühlt im Straßengraben gefunden. Ohne Papiere.«

Ach ja. Der Knatsch mit Mama. Sie hatte Kati verboten zu ihren Freunden zu gehen. Heute war Heilig Abend.

Natürlich hatten sie schon auf Kati gewartet. Süßes sauberes Mädchen, hatte Bernd sie genannt. Zu sauber für den Bahnhofstreff.

Eine Flasche machte die Runde. Klebriges Zeug. Geraucht hatten sie, einer hatten einen

`Special´ aufgetrieben.

Irgendwann war ihr dann kotzübel. Die Wände rückten drohend näher, flossen nach rechts in ein Loch. Weg. Schwarz, nur noch tiefes Schwarz um sie. Ein Nichts. Kein Halt. Ihre Knie hielten sie nicht mehr. Kati fiel zu Boden. Der war hart. Und kalt.

Ihre Hände, am Boden, tastend. In ihr drehte sich ein Karussell, sie selbst war ein Karussell. Kati erbrach sich. Schob sich fußwärts. Es knirschte. Sie fühlte Sand in den Händen. Noch ein Schwall aus ihrer Kehle, nur noch Galle.

Mit dem Ärmel wischte sie sich die verklebten Haare aus dem Gesicht. Weg von hier. Wo war die Tür? Wie war sie hierhergekommen?

Ihre Stiefel stießen an Metall. Auf einen Arm stützen. Aufsetzen. Schräg. Der freie Arm schwankte in der Luft. Wo war oben, wo war unten? Alles bewegte sich. Sie glitt an dem Metall ab, lag wieder am Boden.

Eisige Kälte. Alles an ihr vibrierte, ihre Zähne klapperten. Kein Licht. Hatte sie geschlafen? Es roch nach Kotze. Hinter ihr das Metall.

Sie fasste nach oben, setzte sich auf. Sehr vorsichtig, sehr langsam.

Eine Türschnalle. Sie zog daran. Die Tür bewegte sich. Ihr Atem stand still. War gefroren. Eisstarre Luft drang durch einen Spalt.

Die Beine wollten ihr nicht gehorchen. Katis Finger klebten am Geländer fest. Sie sah das Licht, dort hinten, am Ende des Geländers. Woher das Licht? Kati steuerte darauf zu. Ein Zug. Die Tür stand offen. Wärme. Hinein. Dort war die Toilette. Sie drehte den Riegel.

Ein sanfter Ruck. Die Bahn setzte sich in Bewegung, Kati saß auf dem Toilettendeckel.

Und nun? Erst mal warm werden. Das Waschbecken bot wenig Halt. Ihre Finger, weiß und zittrig. Ihr Gesicht im Spiegel: Violettblau, marmoriert von Schmutz und Kotze. Ihr neuer Parka ebenso. Sie hatte einen weißen ausgesucht.

Kati versuchte, sich zu reinigen. Es tat weh. Flecken an der Stirn und am Kinn. Das ganze Gesicht eine einzige Wunde. Jemand musste sie über den Boden gezogen haben.

Es klopfte an der Tür.

»Einen Moment«, wollte sie antworten. Kati räusperte sich. Es kam kein Laut heraus.

Sie öffnete.

Der Mann vor der Tür konnte sich gerade noch an der Stange festhalten. Er starrte sie an, verschwand schnell in der Toilette.

»Nächster Halt, Altheim.«

Dort wollte sie aussteigen. Ihre Freundin wohnte in Münster.

Eben sah sie noch das Kopfschütteln des Mannes, dann stand sie wieder draußen in der Eisnacht.

Es war nicht weit. Sie kannte den Weg. Die Lichter der Bahnstation waren noch zu sehen. Ein Auto. Viel zu schnell. Der Arsch – Sie sprang zur Seite, rutschte aus, rutschte hinab, ins Wasser.

Das Wasser füllte ihre Stiefel. Raus hier.

Sie konnte nicht. Ihr Körper legte sich an die Böschung. Die Kälte kroch hoch.

Black-out.

Igel Stachelspitz
Hildegard Hillenbrand

Einmal hatte Igel Stachelspitz die ganze Nacht verschlafen und war deshalb erst am frühen Morgen unterwegs.
Die Sonne schien wohlig warm auf sein dichtes Stachelkleid.
Der Igel brauchte reichlich Igelspeck um seinen Körper, damit er seinen langen Winterschlaf im kommenden Winter gut überstehen konnte.
Wenn man dick werden will, muss man viel fressen. So machte es der Igel auch.
Er fraß hier eine Schnecke, dort eine Spinne oder einen dicken, langen, Regenwurm.
Es gab viel zu fressen für ihn.
Er trippelte zur Obstbaumwiese. m…m…m…m…… da lagen leckere Äpfel.
Gerade als er unterm größten Apfelbaum auf der Obstbaumwiese angekommen war, fiel – klatsch – ein dicker, roter Apfel auf sein Igelstachelkleid. Aufgespießt wie auf tausend spitzen Nähnadeln blieb er dort fest sitzen.
Dem Igel machte dies jedoch nichts aus. Genussvoll fraß er von den Äpfeln, die auf der Wiese herumlagen. Satt und zufrieden machte er sich danach auf den Weg zu seinem Unterschlupf im Reisighaufen.

Da sah ihn die Katze Maunz, die gerade auf Mäusefang aus war. Sie maunzte:

„Du siehst ja aus wie eine Schnecke" und lachte und lachte und lachte.

„Na und", sagte der Igel, „macht mir doch nichts aus." So schnell er konnte, trippelte er auf seinen kurzen Beinchen davon.

Der Hase Hoppel kam gerade über die Wiese gehoppelt. Als er den Igel sah, rief er. „ Du siehst ja aus wie eine Schnecke", und lachte und lachte und lachte.

Dem Igel wurde vor Ärger heiß und kalt unter seinem Stachelkleid. „Selber Schnecke", sagte er zum Hasen, „schau Dich doch an. Deine Ohren sehen ja aus wie Kochlöffel. Ha, ha."

Blöder Hase, dachte der Igel und trippelte so schnell er konnte auf seinen kurzen Beinchen davon.

Kurze Zeit danach sprang das schlanke Reh über die Wiese. Es entdeckte den Igel und rief:

„Was bist Du denn für ein komisches Tier? Du siehst ja aus wie eine Stachelschnecke", und lachte und lachte und lachte.

Jetzt wurde es dem Igel doch zu viel. Er rollte sich zu einer Kugel zusammen und wartete, bis das Reh im nahen Wald verschwunden war. Dann trippelte er so schnell er konnte davon.

Am Rand der Obstbaumwiese, in der Nähe einer großen Heuballenrolle, traf er auf eine Weinbergschnecke.

Sie kroch langsam und bedächtig ihres Weges.

Als sie den Igel sah, stoppte sie und schleimte vor sich hin: „Ach schau mal, da ist ja eine richtige Igelschnecke", und lachte und lachte und lachte.

Von einer Schnecke ausgelacht zu werden, war für den Igel schlimm.

„Und Du lahme Schnecke, willst du etwa mit mir streiten? Mit Dir zu streiten habe ich heute keine Lust", sagte der Igel.

So schnell ihn seine kleinen Beine trugen, trippelte er hinter den nächsten Heuballen, der gleich neben einer Pferdekoppel lag. Dort wollte er abwarten, bis die Schnecke verschwunden war.

Das dauerte und dauerte, denn eine Schnecke ist wirklich sehr, sehr, langsam.

Stachelspitz döste ein wenig ein.

Lotte, das Pferd, schaute über den Weidezaun. Es sah den Igel und den großen, roten Apfel. Genau an dieser Stelle war der Holzzaun kaputt gekracht. Lotte streckte den Kopf über den Zaun, zog den Apfel aus dem Igel-Stachelkleid und fraß ihn ratzebutz auf. Hm, schmeckte ihm der Apfel gut.

Igel Stachelspitz erwachte .Er fühlte sich ganz erfrischt und leicht an. Der Apfel war weg. Darüber wunderte sich der Igel sehr.

Da sah er, dass Lotte genüsslich an einem Apfelrest kaute und verstand alles.

„Danke Dir. Du hast mir sehr geholfen", sagte der Igel zu Lotte.

„Gern geschehen", wieherte das Pferd.

Zufrieden machte sich Igel Stachelspitz auf den Weg zu seinem Unterschlupf im Reisighaufen.

Bald war es Abend geworden.

Da schickte ihm der Mond noch ein paar helle Strahlen mit auf den Weg. Das war gut so.

Bild: © Mareike Hillenbrand

Gerda
Klaus Pfeifer

Der Morgen des Gründonnerstags 1945 begann mit einer milden Brise. Um die Mittagszeit lockerte sich die Bewölkung. Wolkenschatten zogen über die kargen Felder. Im Wechsel von Hell und Dunkel, präsentierten sich frische Schneeglöckchen. Die Sonne behauptete sich zunehmend. Immer öfter traf sie ungehindert auf das Land. Ihre Strahlen wärmten die Wange von Gerda.

Gerda war Anfang zwanzig, zart und hübsch mit kurzen braunen Haaren. Die blassen Gesichtszüge wirkten ernst. Konzentriert manövrierte sie das Fahrrad auf der unbefestigten Straße an Pfützen vorbei Dorf auswärts. Sie hoffte auf einen freundlichen Tag.

In einer Ausflugsgaststätte, durfte sie für ein paar Tage aushelfen. Ein großes Glück in diesen mageren Zeiten. Gerda träumte von einer dauerhaften Arbeit. Trotz der wirtschaftlichen Situation, war sie optimistisch. Sie nahm sich vor, fleißig zu sein.

Beschäftigt mit Fahrrad, Weg und dem Vorhaben, übersah Gerda die aufgeregten Menschen am Straßenrand.

Entferntes Donnern drang vom Wald. Es war schwierig, das Grollen vom Lärm eines herannahenden Gewitters zu unterscheiden.

Zweihundert Meter weiter stand Alois nach dem Mittagessen für einige Zeit unbeweglich an der Haustür. Aufmerksam überblickte er die Straße, die Richtung Dorfmitte führte. Sein Wohnhaus war das letzte vor dem Wald, aus dem das Grollen drang. Mit Sorge registrierte er die Aufregung der Wehrmachtsoldaten. Zum Schutz des Ortes, hatten sie schweres Geschütz auf der stark zerschlissenen Straße in Stellung gebracht. Ein strategisch wertvoller Punkt, um in Deckung seines Hauses den nahegelegenen Waldrand zu beobachten.

Mit kurzen Kommandos rief Alois seine Frau und die Kinder ins Haus. Das Krachen der näherkommenden Artillerie nahm eine bedrohliche Lautstärke an. Sein kurzes Kopfschnicken signalisierte der Familie, sie solle in den Keller gehen. Eine Vorsichtsmaßnahme, die sie in den letzten Tagen oft wiederholten. Noch durch den Türspalt, sah Alois Gerda Richtung Wald fahren.

Ihre Blicke trafen sich. Alois sammelte seine Gedanken. Beängstigt rief er: »Ein Angriff, schnell!« Mit hastigem Winken, forderte er die Fremde auf, ins Haus zu kommen.

Erstaunt registrierte Gerda die hektischen Soldaten. Sie stieg ab und schob ihr Fahrrad in den Hof. Im Augenwinkel entdeckte Gerda einige Schneeglöckchen vor dem Haus. Kurz hielt sie inne.

Waren Schneeglöckchen nicht ein Symbol der Hoffnung?

»Komm schon, schnell!«, rief Alois.

Sie lehnte das Fahrrad an die Hauswand und trat auf das Eingangspodest. Alois Hand wackelte noch immer. Mit versteinerter Miene erklärte er leise: »Sie greifen an. Es wird lauter!«

Alois Stimme wurde kräftiger. Er befahl, mit in das Haus zu kommen. Der Keller war der einzige Ort, der in diesem Moment ein wenig Schutz bot. Ängstlich schüttelte Gerda den Kopf. Alois wurde nervös.

Zum lauten Grollen, kam das pfeifende Geräusch der Projektile. Das Krachen des beginnenden Gegenfeuers ließ die Mauern erzittern. Hinter dem Haus waren erste Einschläge zu hören. Kräftig zog Alois am Stoff ihres grauen Baumwollumhangs. Gerda wich zurück.

Mit Kopfschütteln sagte sie: »Nein, nein. In Köln wurden wir schon einmal verschüttet. Ich will nicht.«

Alois zitterte. Dieser fürchterliche Lärm weckte Erinnerungen. Noch vor drei Tagen arbeitete er in der Rüstungsindustrie der nahegelegenen Stadt Hanau, die bereits eingenommen war.

Geübt verkrochen sich die drei Kinder im Kartoffelraum unter der Steintreppe. Scheinbar bot er den besten Schutz. Hier drinnen war es dunkel und feucht. Es roch angenehm erdig. Durch das kleine Schlupfloch in der Mauer, beobachteten sie aufgeregt den Kellerraum.

Alois Frau Rosa setzte sich an den Tabak-Tisch. Sie zündete Kerzen an und begann Zigarren zu drehen. Die Heimarbeit verhalf zu notwendigen Nebeneinkünften. Die Arbeit und der Duft von frischem Tabak, lenkten vom Geschehen ab.

Immer wieder rieselte Sand von der Kellerdecke. Die starken Erschütterungen lösten ihn.

Noch immer zog Alois an Gerda. Das Pfeifen einer Granate kam rasant näher. Sie verfehlte das Haus und schlug auf einen Baum im benachbarten Acker. Betäubt vom Lärm stand Alois erstarrt da. Gerda war verschwunden. Staub und Rauch behinderten die Sicht. Ihren leblosen Körper entdeckte Alois neben der Eingangstreppe im Hof liegen. Mit mechanischer Gleichmäßigkeit, schritt Alois die Stufen hinab. Dabei sah er die deutschen Soldaten in das Dorf flüchten.

Waren sie jetzt verloren?

Er nahm Gerda und trug sie auf seinen Armen liegend in das Haus, während weitere Granaten in der Nähe einschlugen. Auf der Treppe zum Keller, spürte Alois Wärme an seiner rechten Hand.

Was hat das zu bedeuten?

Er bemerkte Gerdas rot durchnässten Umhang. Blut tropfte auf die Stufen. Vorsichtig legte Alois Gerda auf den lehmigen Kellerboden. Jetzt erst registrierte er das Fehlen ihres rechten Unterarmes. Das Granatenprojektil war vom Baum abgeprallt und hatte ihren Arm am Ellenbogen abgerissen.

Ihr Herz schlug noch. Schubweise quoll Blut aus der Wunde. Gerda öffnete die Augen. Ihr Gesicht verzog sich. Sie schrie vor Schmerzen. Dabei versuchte sie, Alois zu fassen, um ihn zu greifen, sich an ihm zu halten. Nur der linke Arm hob sich. Geschockt viel Gerda in Ohnmacht.

Der Gefechtslärm nahm ab. Schwefelgeruch lag in der Luft. Ängstlich beobachteten die Kinder aus dem Versteck den Vorfall. Rosa zündete weitere Kerzen an, brachte Lappen und Bastschnur. Alois legte Gerdas Armstumpf auf ein Tuch. Sofort drückte er mit zwei Fingern die Arterie, um die Blutung zu verringern. Mit Rosas Hilfe umwickelte er den Oberarmmuskel zweimal und zog die Schnur kräftig zu. Das Bluten ließ etwas nach.

Gerda lag regungslos auf dem Boden. Alois und Rosa blickten sich in die Augen. Es war totenstill.

Sie zuckten zusammen. Ein Maschinengewehr ratterte. Holz splitterte. Die Haustüre flog aus den Angeln. Fremdes Geschrei. Amerikanische Soldaten stürmten das Haus.

Sofort rannte ein GI in den Keller, wo Alois und Rosa mit erhobenen Händen dicht an der Wand verharrten. Er richtete den Lauf des Maschinengewehrs auf das Versteck unter der Treppe und schrie: »Go out, go out«.

Sekundenschnell checkte er die Kinder und die übrigen Kellerräume. Laute Gewehr-Salven ertönten im Haus. Zwei weitere GI's durchlöcherten Türen und Schränke auf der Suche nach Soldaten der Wehrmacht.

Unverständlich rufend, eilte der Kämpfer wieder nach oben.

Der Lärm ließ Gerda zu sich kommen. Sofort begann sie wieder zu schreien. Während die beiden Soldaten im Obergeschoss das Haus sicherten, kam der GI zurück.

Mit einem Wink seines MG-Laufes, schickte er die Familie in eine Raumecke. Die Kinder sollten auf dem Boden sitzen. Vor Gerda kramte er in seiner Umhängetasche. Gerda registrierte die Situation. Panisch begann sie zu zappeln und schrie aus Leibeskräften. Die weißen Tücher an ihrer Wunde, tränkten sich durchweg rot. Lange würde sie nicht durchhalten. Sie musste sich beruhigen, um nicht zu verbluten. Es fehlten Betäubungsmittel. Der Soldat wühlte weiter in der Tasche. Ratlos blickte er um sich.

Unerträglich laut schrie Gerda. Pausenlos. Ihr Körper bebte. Angsterfüllt pressten die Kinder Augen und Ohren zu. Der GI schaute zu Alois und Rosa. Mit Gesten befahl Edward, Decken zu besorgen und zu helfen. Er ließ sich auf die Knie fallen. Mit der flachen Hand fixierte er Gerdas Kopf und klemmte ihre zappelnde Hand unter sein Bein. Alois hielt mit den Händen Gerdas Füße.

Rosa rollte ein Stück Stoff zum Kissen. Vorsichtig hob Edward Gerdas Kopf und schob das Kissen unter. Er beugte sich über sie und beruhigte mit den flachen Händen ihren zitternden Körper. Winselnd starrte ihn Gerda an.

Edward schaute ihr in die Augen und begann zu singen: »Stille Nacht, heilige Nacht, alles schläft,….«

Gerda beruhigte sich und schlief erschöpft ein. In ihrer Hand lag ein Schneeglöckchen.

Am späten Nachmittag kamen Sanitäter mit Ausrüstung und Medikamenten. Sie versorgten Gerda, die den Krieg überlebte.

Edwards Großeltern waren deutscher Abstammung. Bis auf ein einziges Weihnachtslied, hatte seine Familie die deutsche Sprache verlernt.

Eine Geschichte mit wahrem Kern. Erlebt von Engelbert Pfeifer als 6-jähriges Kind von Alois.

Bild: © Klaus Pfeifer

Zimtsterne
Martin Kreuzer

»Ah ach!« Mit einem Ächzen ließ sich Joachim in den Sessel fallen. »Das Wetter da draußen ist wirklich eklig. Zu kalt für Regen, zu warm für Schnee.« Er griff dankbar nach der Tasse mit dem dampfenden Tee und wärmte seine Hände an der aufgeheizten Keramik.

»Schön, dass du kommen konntest«, sagte Agnes. »Bei all dem Stress jetzt.«

»Wieso denn?«, fragte Joachim verwundert. »Du weißt doch, unser Adventstreffen ist mir heilig. Und wenn es nur wegen deiner Zimtsterne ist.«

»Ach richtig, die Zimtsterne.« Agnes öffnete die große Metallbüchse auf dem Tisch und setzte sich auf die Couch. Joachim legte die Füße auf den kleinen Hocker vor dem Sessel. Socken mit Weihnachtsglocken drauf, wie Agnes amüsiert feststellte.

»Alle Jahre wieder«, sagte sie und prostete Joachim mit ihrem duftenden Earl Grey zu. »Die Treffen der einsamen Herzen im Advent.«

»Agnes, tu mir einen Gefallen und red nicht vom Herzen«, stöhnte Joachim. Er war gerade erst vor zwei Monaten aus der Klinik entlassen worden. »Da sind Sie aber um Haaresbreite an einem richtig heftigen Infarkt vorbeigeschrammt«, hatte ihm Doktor Filicius zum Abschied gesagt. Seine Diagnose: Zu viel Wein, zu viele Zigaretten, zu viel Arbeit. Und natürlich zu wenig Bewegung.

»Ich liebe den Advent«, sagte Agnes und blickte in ihren Tee. »Alle warten auf etwas. Aber es kann auch wirklich furchtbar sein. Dieser Geschenkestress. Gestern ist mir im Kaufhaus eine Mutter mit zwei quengelnden Kindern über den Weg gelaufen. Erst hat der kleine Junge geschrien, dann das große Mädchen und zum Schluss die Mutter.«

»Mich macht das Wetter fertig«, gestand Joachim. »Es wird ja nie richtig hell. Und niemand lässt einen auch nur für einen Moment in Ruhe. Ich freue mich schon auf den Skiurlaub im Januar: Schnee, Sonne, Ruhe. Aachh!« In wohliger Vorfreude streckte er seine Glieder aus. »Wie spät ist es? Nach sechs? Dann kann ich schon einen Schnaps trinken.«

»Joachim!«, sagte Agnes streng. »Weg vom Alkohol, hat der Doktor gesagt. Immerhin bist du vernünftig und trinkst Tee statt Kaffee. Sag auf jeden Fall deiner Schwester Bescheid, dass sie dir nicht wieder diesen Kräuterschnaps vorsetzt wie im letzten Jahr.« Mit einer Mischung aus Grausen und Grinsen dachte Agnes daran, wie sich Joachim zu Weihnachten im letzten Jahr bei der Familie seiner Schwester benommen haben musste. Allein, was er davon erzählt hatte, reichte für einen kleinen sozialen Skandal.

»Fährst du denn dieses Jahr wieder dahin?«, fragte sie scheinheilig.

»Ach nee, lass man.« Joachim winkte ab und studierte die Muster auf seiner Teetasse. »Da ist so viel Trubel, und jetzt bringt ihr Ältester, der Felix, auch noch seine Freundin mit. Das muss ich wirklich nicht haben.« Er schaute auf und fixierte Agnes, die in der Couch versunken war. »Und du? Fährst du zu Weihnachten auch wieder zu deinem Bruder und seiner großen Familie?«

»Nein, da ist inzwischen die Wohnung so eng, dass ich nur am zweiten Feiertag zum Kaffeetrinken komme. Also eher um meine Zimtsterne abzuliefern«, sagte Agnes. »Ich besuche am Heiligen Abend meine Mutter im Pflegeheim und mache es mir dann hier gemütlich. Und am ersten Feiertag nachmittags mache ich dann den Jahresabschluss. Bilanz, Steuern - der ganze Kram. Man hat wirklich mal seine Ruhe. Keiner kommt, das Telefon bimmelt nicht.«

Was Agnes verschwieg: Sie hoffte dass es am Abend irgendwo im Fernsehen einen James-Bond-Film gab. Oder wenigstens einen Western mit Clint Eastwood.

Sie kannten sich nun sei 23 Jahren, seit dem Studium. Vor sieben Jahren, als Agnes 40 wurde, hatten sie mit ihrer eigenen Tradition begonnen: Sich am vierten Advent zu treffen, um Kuchen zu essen, Tee zu trinken und sich gegenseitig das Herz auszuschütten. Und heimlich zu überprüfen, wie es dem anderen in seiner Alleinsamkeit so ging, wie Agnes einmal gesagt hatte. Damals hatten sich die beiden auch ineinander verliebt. Das war die Zeit, als Joachim seine Freundin zärtlich `Agnes Dei´ genannt hatte. Die ganze Affäre war für sie allerdings keine grandiose Erfahrung: Beide hatten nicht gewusst, ob sie wirklich etwas miteinander wagen wollten, ob sie aus ihrem alten Leben ausbrechen und neu anfangen sollten. Sie hatten einfach keine Übung in Herzensdingen gehabt, dachte Joachim heute. Es war ein Irrtum gewesen, sagte sich Agnes. Sie hatten Nähe und Vertrautheit als Liebe interpretiert. Als Freunde harmonierten sie deutlich besser. Joachim griff nun doch nach der Karaffe mit dem braunen Schnaps. Agnes schaute nur zu. Sie fragte: »Was machst du denn zu Weihnachten? Auch arbeiten?«

»Ja, das ist das Beste, habe ich gemerkt«, sagte Joachim und konzentrierte sich auf die braune Flüssigkeit, die er in das kleine Glas goss. Warum mussten diese Schnapsgläser immer so winzig sein? Damit man es merkte, wenn man zu betrunken war, um sich einzuschenken? Und dann floss das Zeug so zäh. Er merkte, dass er beim Wein deutlich besser einschätzen konnte, wie er zu gießen war. »Letztes Jahr habe ich mal ausgesetzt zu Weihnachten. Aber das war noch schlimmer. Ich wusste überhaupt nicht mehr, was ich mit mir anfangen sollte. Lesen wollte ich nicht, im Fernsehen gab es nur Schrott und in den Kneipen trifft man Weihnachten auch keine interessanten Leute, sondern nur Personen, die nicht wissen wohin mit sich. Nee, nee, arbeiten ist schon das Beste.«

»Zu Weihnachten frage ich mich oft, ob es richtig war, keine Kinder zu haben«, sagte Agnes. Joachim sah sie an. »Man merkt doch, dass in den Familien viel mehr los ist als in unserem Leben: Gutes und Schlechtes. Aber dann denke ich doch immer, nein, mit dieser vielen Arbeit hier, da könnte man Kindern auch nicht gerecht werden.«

»Na, danke schön«, brummte Joachim. »Du kennst ja den Kindergarten neben meinem Haus. Ich muss dir sagen, die machen ein Geschrei tagsüber, das ist manchmal nicht auszuhalten. Ich sage nichts und beschwere mich auch nicht, aber wenn ich im Sommer bei offenem Fenster am Schreibtisch sitze und nachdenke, dann kann ich manchmal keinen klaren Gedanken fassen.

Und wenn das auch noch meine wären nee, also...«

»Ach, Jo, so ein Unsinn«, sagte Agnes. »Dann würdest du anders reden. Und nicht so viel rauchen und dir nicht schon den zweiten Schnaps einschenken und...«

Es klopfte an der Tür. Schwester Martha steckte den Kopf mit ihrer grau-weißen Haube ins Zimmer. Sie blickte Agnes mit ihrem vorweihnachtlichen engelsgleichen Lächeln direkt an: »Schwester Oberin, ich brauche ein paar Unterschriften für die Banksachen. Und, Herr Weihbischof, Ihr Fahrer wartet unten.«

Weihnachten 2019
Martina Füg in Memoriam Loriot

Mitwirkende:
Opa – Großtante, schwerhörig – Vater – Mutter – 4 Kinder: Jenny-Loreen, Sabrina-Marie, Kevin-Luca, Paul-Simon-Alexander

(Alle sitzen im Wohnzimmer, die Kinder lümmeln auf der Couch.)

Sabrina-Marie *(neugierig)*
Mutti, was gibt es denn morgen an Heiligabend zu essen?

Mutter *(geschäftig)*
Na, wie jedes Jahr: Kartoffelsalat und Würstchen.

Vater *(leckt sich die Lippen)*
Oh, lecker, unser Traditionsessen!

Jenny-Loreen *(fordernd)*
Ich mag aber lieber eine Weihnachtsgans!

Paul-Simon-Alexander *(sachlich-belehrend)*
Das ist nicht gut fürs Klima.

Kevin-Luca *(eifrig)*
Und ich mag lieber…

(Das Festnetz-Telefon klingelt.)

Mutter *(bestimmend)*
Kevin-Luca, geh Du mal ran.

Kevin-Luca *(abwesend, schaut auf sein Handy)*
Verflixt, das geht nicht, ich bin gerade auf Netflix.

Großtante *(irritiert)*
Net fix…? Kevin-Luca, hetz Dich doch nicht so!

Kevin-Luca *(korrigiert)*
Netflix!

Paul-Simon-Alexander *(sachlich-belehrend)*
Das ist nicht gut fürs Klima.

Opa *(nickt)*
Früher war mehr Lametta.

(Das Telefon ist verstummt. Es klingelt an der Tür.)

Mutter *(energisch)*
Hört, es klingelt. Geh Du jetzt, Jenny-Loreen.

Jenny-Loreen *(abwesend, schaut auf ihr Handy)*
Mutti, stör mich jetzt nicht, ich habe gerade eine ultimo-tradigen Chat auf Instagram.

Großtante *(interessiert)*
Instagramm? Was wird da denn gewogen…?

Sabrina-Marie *(korrigiert)*
Na, Instagram, das Forum mit unseren Freunden.

Paul-Simon-Alexander *(sachlich-belehrend)*
Follower sind keine Freunde.

Großtante *(interessiert)*
Sabrina-Marie, strickst Du gerade einen Pullover? In der »Brigitte« gab es immer so tolle Modelle…, heute auch?

Sabrina-Marie *(korrigiert)*
Follower!

Jenny-Loreen *(aufgeblasen)*
Ich habe 300 Freunde!

Sabrina-Marie *(abschätzig)*
Pah…, die Influencerin Michelle-Luise hat 600 Freunde.

Großtante *(mitleidig)*
Oh, Influenza! Deine Freundin hat Grippe, die Arme. Und das an Weihnachten!

(Sabrina-Marie seufzt.)

Kevin-Luca *(gelangweilt)*
Bei Instagramm werden doch nur Tausende von Fotos gepostet.

Paul-Simon-Alexander *(sachlich-belehrend)*
Das ist nicht gut fürs Klima.

Opa *(lakonisch-traurig)*
Früher war mehr Lametta.

(Es klingelt an der Tür.)

Vater *(gereizt)*
Jenny-Loreen, könntest Du bitte nachschauen, wer klingelt.

Jenny-Loreen *(unschuldig-abwehrend)*
Aber Vati, wieso ich? Ich habe alle meine Pakete doch schon heute Morgen bekommen.

Paul-Simon-Alexander *(belanglos)*
Vielleicht sind das deine Freunde, Deine 300.

Großtante *(aufgeregt)*
Bekommt Ihr nur zu Weihnachten richtig Post?

Sabrina-Marie *(stolz)*
Wir kriegen jeden Tag Post, 3 Mal »DHL« und »Paket Plusplus« und »DPD« und »Hermes« und sonntags…..

Paul-Simon-Alexander *(sachlich-belehrend)*
Das ist nicht gut für das Klima.

Vater *(streng)*
Paul-Simon-Alexander, wir haben uns geeinigt an Weihnachten nicht über das Klima zu sprechen.

Großtante *(freudig)*
Hermes, der Götterbote!

Opa *(erwartungsvoll)*
Früher war mehr Lametta!

(Es klingelt an der Tür.)

Vater *(drohend)*
Kevin-Luca, geh Du jetzt endlich aufmachen!

Kevin-Luca *(gedehnt)*
Das geht nicht, unsere Clique ist gerade online mit »Stirb langsam 7«, da müssen wir dran bleiben.

Mutter *(streng)*
Kevin-Luca, tu, was Dein Vater sagt.

Großtante *(entsetzt)*
Stripp langsam…? Ist der Junge dafür nicht noch etwas zu jung…?

Opa *(bestätigend)*
Früher war mehr Lametta.

(Kevin-Luca geht brummelnd zur Tür. Kommt stöhnend mit einem Paket zurück ins Wohnzimmer.)

Kevin-Luca *(außer Puste)*
Mann, was ist das Zeugs schwer….uff.

Vater *(überrascht)*
Das muss ein Irrtum sein, so ein großes Paket hatten wir noch nie!

(Alle packen das Paket aus).

Sabrina-Marie *(springt zurück)*
Brrr…, Mann ejh…, was ist das für Silberzeugs?

Großtante *(begeistert)*
Der Schatz im Silbersee!

Jenny-Loreen *(eifrig)*
Opa hat das im Internet bestellt, als er mit seinen Kumpels Karten gespielt hat. Sie haben einen Korn nach dem anderen getrunken; ich hab ihn mit meinem Account erwischt.

Opa *(reibt sich frohlockend die Hände)*
Früher war mehr Lametta!

Mutter *(ergriffen)*
Traumhaft, das ist der Weihnachtsschmuck für den Tannenbaum, schön nicht?

(Alle fingern an den Silberfäden herum, ziehen sie heraus, formen Knäuel und Knoten in Endlosschlangen).

Vater *(ratlos)*
Ganz hübsch, aber ist das nicht ein bisschen viel…?

Sabrina-Marie *(misslich)*
Mist, jetzt finde ich mein Apple nicht mehr, muss hier irgendwo zwischen dem Silberkram liegen.

Kevin-Luca *(genervt)*
Verdammt, mein Samsung ist auch verschwunden, wohl unter den Silberschlingen.…

Opa *(hüpft triumphierend)*
Früher war mehr Lametta!

Großtante *(freudetrunken)*
Entzückend!

Paul-Simon-Alexander *(sachlich-belehrend)*
Das ist gar nicht gut fürs……

(Vorhang schließt, während die Familie tumultartig wie im Rausch im Lametta-Chaos versinkt).

Baumsterben
oder: Klimawandel in Neutsch

Hildegard Hillenbrand

Fenstergucker.
Schwarzgrauer Wintertag.
Nieselregen.
Letzte Reste von Schnee auf der Weide
gegenüber.

Die ehemals so stattliche Trauerweide ist tot.
Aus ihrem Baumstumpf ragen zwei mächtige
Äste gen Himmel.

Fingerzweige?
Fingerzeige?
Mahnmal der Natur?

Der Apfelbaum,
bisher geborgen im Schatten der Trauerweide
stehend,
ist schmaler geworden.
Astbruch.
Die Sommertrockenheit forderte ihren Preis.

Immer noch erstrahlt er in Würde
und streckt seine Äste wie Windradflügel
dem Leben entgegen.

Ich schaue aus dem Fenster,
bin traurig und doch auch hoffnungsvoll.

Der Apfelbaum lehrt es mich ---- das Leben.
Es schneit.

Der Duft von Weihnachten
Oliver Baier

Mama? flüster ich leise ins Licht
Ich kann dich nicht sehen
Es ist so grell, mir versperrt es die Sicht
Soll ich hier stehen?

Hände ergreifen mich und packen zu
Zum Glück ein Mädchen denke ich
Die Jungs schreien kurz und geben dann Ruh
Bin nicht mehr alleine, wann sehe ich dich?

Mit vielen anderen in einer Halle
Ein paar Federn, ganz weich
Ich sitze hier in der Falle
Wartest du auf mich, kommst du gleich?

Den ganzen Tag kann ich essen
Ich wachse und gedeihe
Warum schaut nur jeder so besessen?
Mir tut alles weh, meine Ungeduld, verzeihe.

Eines Morgens da ist sie - die Sonne
Ganz aufgeregt bin ich, bald ist es soweit
Die Messer blitzen selig, ein Lächeln voll Wonne.
Meinst du, es ist schon Zeit?

Die Klingen so scharf, sie schneiden mich auf
Ich wollt dich doch sehen - so ist es wohl aus
Mein Körper nun Ware, ein billiger Kauf
Dann bin ich im Ofen, ein leckerer Schmaus.

Weihnachten
Marc Mandel

Sophia liegt wach. Sie schaut auf den Wecker. Drei Uhr. Im letzten Jahr hat sie die Uhr bekommen, nachdem sie in der Schule lernte, die Zeiten abzulesen. Damals war sie noch in der zweiten Klasse. Diesmal hat ihr die Mutter einen bunten Kasten geschenkt. Darauf steht ‚Meine erste Zaubershow'.

Sie war in ihr Zimmer gelaufen um in Ruhe das kleine Handbuch zu studieren. Der Trick mit den Würfeln gelang ihr auf Anhieb. Wenn sie nämlich an der Vier des weißen Würfels ein bisschen rieb, erschienen zwei weitere Punkte, so dass ihr Würfel zwei Sechsen zeigte. Im Gegensatz zu dem roten Würfel. Die Mutter war begeistert.

Aber dann musste Sophia ins Bett.

Und nun liegt sie wach.

Ganz vorsichtig schaltet sie die kleine Lampe in ihrem Wecker ein. Sie klettert lautlos aus dem Bett und schleicht zu ihrem Schulschreibtisch. Da steht der Zauberkasten. Behutsam hebt sie den Deckel. Der große Kartenstapel hat sie von Anfang an fasziniert. Sie greift danach mit ihrer kleinen Hand.

Es sind zu viele Karten. Sie rutschen auseinander. Sophies linke Hand hält den Deckel des Zauberkastens. Vergeblich; mit einem ‚Blubb' schlägt er auf den Boden. Sophias linke Hand versucht der rechten zu helfen. Zu spät. Klatschend verteilen sich die Tarot-Karten neben dem Zauberkastendeckel auf dem Teppich. Die letzten zwei lässt sie freiwillig fallen.

Stille. Es ist nichts mehr zu hören. Sie hat offensichtlich niemand aufgeweckt. Was sollte sie tun? Klar, die Deckenlampe einschalten, um sorgfältig die Karten wieder einzusammeln. Das wäre einfach. Aber, wenn sie wirklich zaubern könnte, dann nähme sie jetzt ihren Zauberstab. Nach einem guten Spruch würden sich die Karten von allein ordnen.

Auf Zehenspitzen bewegt sie sich zum Schreibtisch. Manchmal sind nackte Füße wirklich praktisch. Ganz vorne im Handbuch hatte sie eine Warnung gelesen.

Man dürfe die verschiedenen Utensilien erst anfassen, wenn man sich vorher mit Hilfe des Handbuchs über die genauen Eigenschaften informiert habe.

Vor ihr in dem neuen Kasten liegt der Zauberstab. Sie glaubt, ihn flüstern zu hören: »Nimm mich in die Hand. Du kannst tatsächlich zaubern. Wenn es funktioniert, werden Dich alle bewundern. Auch der blöde Luca von nebenan, der immer der Beste im Sport sein will. Du musst es probieren, Sophia.«

Hat der Stab ihr zugenickt?

Das Licht des Weckers erlischt. Seltsamerweise ist es trotzdem nicht ganz dunkel. Im Dämmerlicht greift sie mit spitzen Fingern nach dem Zauberstab. Schade: Kein einziger Zauberspruch fällt ihr ein. Mit nur drei Fingern hält sie ihn. Hat er sich eben bewegt? Das kann doch nicht sein. Aber sie spürt es. Wie ein Fiedelbogen bewegt er sich locker in ihrer Hand. Sophia dreht sich um, tänzelt leichtfüßig zu dem Kartenhaufen auf dem Teppich, lässt den Zauberstab wie einen Dirigentenstab über den Karten schweben.

Ein Luftzug? Das kann nicht sein. Das Fenster ist geschlossen. Die Tür auch. Trotzdem wird eine Karte nach oben geschleudert. Sie zeigt einen altmodisch gekleideten Mann hinter einem Tisch, mit einem breiten Hut, einem Stab in der Hand, blonden Locken. Eine Gestalt aus dem Mittelalter. Die Spiel-Karte landet auf dem Schreibtisch.

Da löst sich die Figur aus der Karte, stellt sich breitbeinig auf die Tischplatte, hebt den Stock. Kaum zehn Zentimeter groß verfügt er über einen leisen, aber profunden Bass: »Fürchte Dich nicht, Sophia. Ich bin der Magier. Der Mittler zwischen Himmel und Erde, Geist und Körper, Vorstellung und Materie.«

»Warum bist Du aus der Karte herausgekommen?« Sophias Stimme zittert ein wenig.

»Du hast mich gerufen, mit Deinem Zauberstab.«

»Millionen von Kindern besitzen einen solchen Zauberstab.« Sophias alter Widerspruchsgeist ist erwacht.

»Für sie ist der Zauberkasten lediglich ein Spielzeug. Sie lesen das Handbuch und lernen Tricks. Wirklich zaubern können sie nicht. Diese Gabe verleiht die Divinatio nur einmal im Jahr. Dann wählt sie ein spirituell besonders begabtes Kind aus. In diesem Jahr fiel die Wahl auf Dich, Sophia.«

»Was kann ich denn nun machen, Herr Magier?«

»Du kannst alle Karten aus dem Spiel zum Leben erwecken – wenn Du die Regeln befolgst.«

»Von welchen Regeln sprichst Du, Herr Magier?«

»Wir Geister sind alle der Macht des Schicksals unterworfen. Der musst auch Du Dich beugen. Dein Zauberstab gibt Dir Macht über uns. Du darfst aber keinen von uns mit dem Stab berühren. Wenn zwei von uns miteinander streiten, darfst Du Dich nicht einmischen. Und auf keinen Fall darfst Du das große Licht einschalten.«

Unbewusst hat das Mädchen sich wieder dem Kartenhaufen zugewandt und den Stab bewegt. Sofort schwebt eine weitere Karte nach oben. Eine Frau in einem Priestergewand erscheint mit einer dreistöckigen Krone auf dem Kopf.

Der Magier schlägt sich die Hand vor den Mund: »Verflucht. Die Päpstin.«

Sophia ist der Karte mit dem Zauberstab gefolgt. Mit einer ebenso hohen wie schönen Stimme beginnt die Frau zu sprechen.

»Hallo Sophia. Ich bin Isis, die Hohepriesterin. Oder Artemis. Erkennst Du Pfeil und Bogen? Glaub' dem Magier kein Wort. Nur ich besitze die Wahrheit. Schau her.« Sie hebt eine Mondsichel nach oben. Gleichzeitig materialisiert sich neben ihr ein Rad, auf dem eine Sphinx sitzt. Seitlich erkennt Sophia eine Schlange und einen Schakal.

»Das ist das Rad des Schicksals«, erneut die schöne Stimme der Hohepriesterin, »schau es Dir an Sophia. Im nächsten Augenblick wechselt es die Stimmung. Nichts hält ewig. Dafür sorgt das Schicksal.«

»Nein, ich ertrage es nicht«, der Magier erhebt seinen Stock, »hilf mir Freund Satan.« Ein gehörnter Dämon mit Flügeln ist neben ihn getreten. Bedrohlich richtet er eine Fackel auf das Schicksal.

»Du Höllenbrut hast keine Macht über Sophia«, ruft die Hohepriesterin, »sie wird auf einem weißen Pferd namens Jolly Jumper unter der Sonne entlang reiten und ‚I'm a poor lonesome Cowboy' singen.«

»Nur der Tod darf das weiße Pferd reiten«, ruft der Magier, neben dem ein Skelett mit Sense aufgetaucht ist.

Schlagartig beginnt die Tischplatte zu strahlen. In der Mitte steht ein Engel, der Wasser von einem Krug in einen anderen gießt. »Beruhigt Euch«, der Engel hat eine volltönende Altstimme, »kein Gegensatz ist so groß, dass er nicht durch Mäßigung überbrückt werden könnte.« Gemächlich schwingt der Engel die großen Flügel hin und her.

Zu dem Schakal hat sich ein kleiner Hund gesellt. Beide jaulen den Mond an, der über der Schreibtischplatte schwebt. Ein Hummer krabbelt zwischen die Tiere.

Immer enger wird es auf der Platte. Ein Wagen fährt heran mit Prinz und Prinzessin, die Gerechtigkeit zeigt an der ausgestreckten Hand einen Gehängten, über einem Turm leuchtet ein Stern, die Welt torkelt und lallt. Zwei Liebende erscheinen. Gegenseitig beginnen sie, sich abzuküssen und miteinander zu tanzen.

Nun drängeln sich auch die kleinen Arkana mit den Ziffern eins bis zehn auf der Platte, in den Farben Kelche, Schwerter, Stäbe, Münzen. Die Könige sind mit den Königinnen, den Rittern und den Pagen aus ihren Karten gestiegen. Alle umtanzen die Liebenden bis sich das Gewimmel immer mehr in ein rauschendes Fest verwandelt.

Da geht das Deckenlicht an.

»Neiiiiiiiin«, ruft Sophia.

In der Tür steht die Mutter.

Von den Figuren ist nichts mehr zu sehen. Der Zauberkasten steht geschlossen auf der Schreibtischplatte. Wie am Abend zuvor.

»Du hast sicher schlecht geträumt«, die Mutter nimmt Sophia in die Arme, »wir gehen wieder schlafen.«

Sophie kriecht in ihre Kissen. Sie spürt etwas Hartes, Spitziges.

Die Mutter löscht die Deckenlampe. Erst als sie die Tür hinter sich geschlossen hat, greift Sophia nach dem kleinen Gegenstand unter ihrem Kopfkissen. Es ist die dreistöckige Krone der Hohepriesterin. Sorgfältig verstaut sie die Krone in ihrem kleinen Geheimfach hinter dem Bett.

Was gibt's zum Nachtisch?
Daniele Ludewig

Zu abendlicher Stunde sitzt Familie Lehmann beim Weihnachtsessen im festlich geschmückten Esszimmer. Die beiden erwachsenen Kinder sind wie jedes Jahr an Heiligabend zu Besuch aus der Stadt gekommen. Mutter Hilde kommt aus der Küche und trägt ein Tablett herein, auf dem sich eine Sauciere und eine Schüssel mit Klößen befinden. Achtsam stellt sie beides auf dem großen runden Tisch ab, auf dem bereits Rotkohl und Maronen stehen. In der Mitte liegt eine goldgelb gebratene Ente auf einer großen Servierplatte.

Tochter Charlotte lässt ihren Blick über den Tisch schweifen: »Mensch Mutti, das sieht ja alles wieder toll aus.«

»Rüdiger«, spricht Hilde ihren Mann an, »walte deines Amtes als Familienoberhaupt und zerteile bitte die Ente«, dann setzt sie sich. Nebenbei ermahnt sie ihren Sohn mit sanfter Stimme: »Und Johannes, du legst jetzt bitte mal das Handy weg! Du weißt, ich mag das nicht bei Tisch.«

Mit gespieltem Stolz und einem Lächeln erhebt sich Rüdiger und lehnt sich über den Tisch. Mit Tranchiergabel und Filetiermesser zerteilt er gekonnt das Fleisch: »Wer will Brust, wer Keule?«, fragt er in die Runde.

Stille. Geklapper mit Besteck und Geschirr. Alle kauen und genießen das Essen.

Nach einer Weile wirft Mutter Hilde einen kritischen Blick auf Charlottes Haare: »Du hast eine neue Frisur?!«

Charlotte: »Respekt Mutti, hast bis zum Hauptgang durchgehalten. Ich dachte da kommt schon was während der Suppe.«

Mutter: »Du hattest doch noch nie ein Pony.«

Charlotte: »Ich hatte mal Lust auf was Neues.«

Mutter: »Trägt man das jetzt so?«

Charlotte leicht genervt: »Weiß ich nicht, ob man das jetzt so trägt. Zumindest trage ich es jetzt so!«

Mutter: »Es steht dir halt nicht. Es erdrückt dein Gesicht.«

Vater: »Hilde, lass sie doch. Ist ja schließlich ihr Gesicht.«

Charlotte: »Danke Papa.«

Mutter: »Ich meine ja nur, es ist unvorteilhaft.«

Charlotte forsch: »Es ist nur ein Pony. Sei doch froh, dass die Haare nicht pink sind.«

Bruder Johannes versucht seiner Schwester mit einer belanglosen Frage da ´raus zu helfen:

»Charlotte, könntest du mir bitte mal die Soße geben?« Charlotte reicht ihm die Sauciere. Entspannt gießt Johannes die Soße über seinen Kloß.

Stille. Geklapper von Geschirr und Besteck.

Vater: »Sag mal Johannes, warum ist eigentlich Luise nicht mitgekommen?«

Johannes: »Naja, ... also weil ... weil wir nicht mehr zusammen sind.«

Mutter entsetzt: »Wieso denn das?«

Vater: »Also wiedermal nur ein kurzes Intermezzo.«

Johannes: »Hat irgendwie nicht so richtig gepasst.«

Diesmal versucht Charlotte ihrem Bruder zu helfen: »Kann mir mal jemand das Salz geben?«

Vater: »Eure Generation wirft immer alles gleich hin, wenn's mal bissl schwierig wird.«

Der Mutter fällt auf, wie viel ihre Tochter nachsalzt: »Charlotte, du verwürzt ja das Essen.«

Charlotte: »Quatsch, du bist immer zu sparsam mit dem Salz. Die Soße kann ruhig noch was vertragen.«

Johannes: »Stimmt, gib' mal rüber.«

Mutter: »Nächstes Jahr könnt ihr ja mal für uns kochen. – Da seh' ich allerdings schwarz, ihr könnt ja nur Fertiggerichte in den Ofen schieben. – Also Luise, die konnte kochen. – Wer hat denn nun eigentlich Schluss gemacht?«

Johannes: »Können wir lieber wieder über Lottis Pony reden?«

Charlotte verschmitzt: »Vergiss es! Beziehungsaus schlägt Ponydiskussion.«

Stille. Geklapper von Geschirr und Besteck.

Mutter: »Mein Gott, jetzt lass dir doch nicht alles aus der Nase ziehen.«

Johannes: »Sie hat das Babythema angefangen.«

Vater: »Wie lange wart ihr denn zusammen? Ein halbes Jahr?«

Johannes: »Zehn Monate.«

Mutter: »Naja, sie ist Anfang dreißig, da sollte sich eine Frau darüber Gedanken machen.«

Johannes: »War ja klar, dass du auf ihrer Seite bist.«

Mutter: »Ja, ich mochte sie. Sie ist eine sehr patente und charmante junge Frau. Schade!«

Vater: »Jedes Mal, wenn wir uns an jemanden gewöhnt haben, ist es schon wieder vorbei.«

Mutter legt nach: »Hat überhaupt nochmal einer von euch die Absicht, uns Enkelkinder zu schenken?«

Johannes schiebt sich ein großes Stück Ente in den Mund und schielt rüber zu seiner Schwester.

Charlotte energisch: »Also Mutti, das musst du schon uns überlassen.«

Mutter: »Bei dir tickt auch die biologische Uhr, meine Liebe.«

Charlotte: »Ja dann lass sie ticken, solange keine Bombe dran hängt, die explodieren kann, soll's mir egal sein.«

Mutter: »Herrje, sind wir heute aber wieder schnippisch.«

Johannes: »Schön so ein harmonisches Weihnachtsessen mit der Familie.«

Charlotte: »Was gibt's eigentlich zum Nachtisch?«

Vater: »Schnaps! Nach der fetten Ente, drückenden Ponys und nichtvorhandenen Enkeln können wir jetzt alle einen Kurzen vertragen.«

Das Christkind kommt
Marc Mandel

Jetzt ist es heraus: Achtzehn Prozent unserer Kinder bekommen ein Buch von den Eltern. Für alle anderen wird es eng. Keine vier Wochen mehr bis Heiligabend. Kluge Leute haben ein Computerprogramm, in dem die Namen aller Menschen erfasst sind, denen sie zu Weihnachten etwas Gutes tun möchten. Wird ein Geschenk gefunden, bekommt der Kandidat einen Haken. Die Liste wird ständig aktualisiert. Aber plötzlich ist Dezember.

Eigentlich haben wir ja alles. Vielleicht liegt es daran, dass Präsente ständig teurer werden: Ein hochauflösender Beamer fürs Schlafzimmer, der Massagesessel mit Künstlicher Intelligenz, die digitale Spiegelreflexkamera für HD-Videos, um die Katze ins Bild zu setzen, eine Cappuccinomaschine mit Milchschaumautomatik für den SUV, das Navigationsgerät fürs Nordic Walking, der Touchscreen für den Schlepptop. Ob man in der Verwandtschaft zusammenlegen sollte?

Von der plastischen Chirurgie kommen noch ganz andere Geschenkideen. Der Sohn eines Freundes träumt von einem Kinn-Implantat, mit dem er energischer aussieht und endlich den ersehnten Job findet. Eine Freundin möchte sich dringend den mächtigen Zinken entfernen lassen und durch eine Stupsnase ersetzen. Ihre Tochter wünscht sich einen dickeren Busen, während es der Schwester schon reicht, wenn das Fett abgesaugt wird.

Dabei kenne ich eine Familie, in der die Kinder für ihre Eltern ein Bild malen, Gedichte auswendig lernen oder ein Klavierstück einüben. Und Süßigkeiten gibt es ausschließlich vom Bio-Bäcker. Nur der Hund hat im letzten Jahr beinahe alles verpatzt: Die Tochter hat ihm heimlich Leberwurst-Plätzchen gebacken und niemand hat etwas mitbekommen – bis auf den Hund, der sie zwei Tage vor Weihnachten im Beisein der ganzen Familie gefunden hat.

Weihnachten im Zoo
Martin Kreuzer

Beat musste eingeschlafen sein. Jedenfalls wachte er auf seiner Bank am Zaun mit einem Ruck auf, als hinter ihm das kleine, schmiedeeiserne Tor zuknallte. Im Lichtschein der Lampe über dem Tor sah er Herrn Bendli, der sich umdrehte, um mit seinem Schlüsselbund das Tor abzuschließen. Kaum war er fertig, ratterte die ältere Tram der Linie 17 in die Haltestelle ein. Bendli sah sich um und rannte los, um die Bahn noch zu erreichen. Den Schlüsselbund wollte er in die Hosentasche stecken, doch er verfehlte sie. Die Schlüssel fielen zu Boden, machten aber in der dicken Schneedecke kein Geräusch. Bendli rannte weiter.

»He, Ihre Schlüssel!«, wollte Beat rufen. Aber es kam nur ein leises Krächzen aus seiner Kehle. Die vier Biere und die Schnäpse mit Ueli vorhin bei der Weihnachtsfeier hatten seinen Hals ganz trocken gemacht. Als er sich geräuspert hatte, war Bendli in der Tram eingestiegen, die jetzt auch abfuhr. Der Platz vor dem Zoo lag nun wie ausgestorben da. Kein Schwein war zu sehen. Leise rieselte der Schnee.

Beat stand auf und nahm den Schlüsselbund. Er war schwer und hatte einen Anhänger in

Form eines Bären. »Zolli Basel" stand darauf. An dem Ring hingen mindestens zwei Dutzend Sicherheitsschlüssel. Sie waren säuberlich beschriftet: ʻElefantenhaus Kücheʼ, ʻRaubtierhaus Käfiggangʼ oder ʻTropenhaus Fütterungsreiheʼ. Beat kannte Herrn Bendli. Das war der Chef der Zooverwaltung. Letztes Jahr hatte er ein paar Mal tageweise im Zoo ausgeholfen und den Mist der Kamele mit einer Schubkarre abgefahren. Er hatte sich bei Bendli vorgestellt und ihm versprochen, für die Zeit im Zoo nichts zu trinken. »Unsere Klienten hier sind viel zu gefährlich, um betrunken mit ihnen umzugehen. Aber ich vertraue ihnen.« Beat war stolz darauf, dass der Zoodirektor, ihm, dem Clochard vom Zoo, solche Zuneigung entgegenbrachte. Beat liebte den Zoo. Es war immer so friedlich hier. Wenn die Arbeit beendet war, bekam er immer einige belegte Weckli aus der Kantine und setzte sich auf eine Bank in der Sonne. Die Käfige waren für ihn tabu. Beat genoss diese Ausflüge in die Scheinnatur gleich gegenüber der tristen Stadt.

Und jetzt hatte er sie in der Hand. Die Schlüssel zum Paradies. Beat sah sich um. Immer noch alles ruhig. Mit zitternden Händen schloss er die Tür auf und huschte hindurch. Leise ließ er sie ins Schloss fallen und schloss wieder zu. Er war drin. Und was jetzt?

Das Nachttierhaus! Es hatte ihn immer interessiert, ob dort in der Nacht das Licht anging. Er machte sich auf den Weg. Der Schnee fiel stetig und lautlos, verwandelte den Park in eine Winterlandschaft. Links von ihm stieg der Gemsenfelsen empor. Er war verschneit wie ein Sechstausender in den Anden. Kurz hinter der Ecke auf der rechten Seite warteten die Eisbären. Unbeweglich saßen die riesigen Viecher auf ihren Steinen und ließen sich den Pelz vollschneien. Im Wasserbecken vor ihnen trieben sogar, ein paar echte Eisschollen. »Wenigstens ihr fühlt euch wohl«, brummte Beat und zog den Reißverschluss an seiner alten Militärjacke bis oben hin zu. Warm wurde ihm trotzdem nicht. Da halfen auch keine Schnäpse.

Gottseidank war es im Nachttierhaus schön warm und er konnte seine Jacke wieder öffnen. Ein kurzer Inspektionsgang zeigte ihm, dass tatsächlich das Licht an war. Die Fledermäuse hingen schlafend an der Decke. Sonst war keines der nachtaktiven Tiere zu sehen. Beat überlegte kurz, was nachtaktive Tiere wohl tun müssten, um tagsüber aufzubleiben. Eine schwarze Brille tragen? In einem dunklen Loch sitzen?

Das Neonlicht störte ihn. Er kletterte aus dem Keller der Nachtaktiven und legte sich oben im Raubtierhaus auf eine Bank. Direkt gegenüber von seinem Lieblingstier, dem schwarzen Panther. Beat griff in die Innentasche seiner Jacke. Der Schnaps war noch da.

»Prost, Baghira!«, sagte der Einbrecher und schraubte seine Flasche auf. Genüsslich ließ er den Alkohol in seinen Magen rinnen. Der Panther ließ ihn nicht aus den Augen. Es war fast dunkel, aber die Augen des Tieres funkelten.

Ein lautes Knurren schreckte Beat auf. Panisch wirbelte er herum. Alle Käfige waren geschlossen. Die Löwen, die Tiger, die eklige Hyäne, alle waren an ihren Plätzen Wieder knurrte sein Magen. Trotz des sanften weißen Nebels, der seinen Kopf langsam von innen einhüllte, stand Beat auf. Er hatte einen Bärenhunger. Den ganzen Tag hatte er außer den pappigen Brötchen zum Frühstück bei der Heilsarmee noch nichts gegessen. Es war Weihnachten! Er hatte ein Festmahl verdient, schließlich waren ihm die Schlüssel zum Zoo in die Hände gefallen. Herr Bendli hatte Glück, dass Beat den Schlüssel gefunden hatte und nicht einer von diesen Pennern, die nur irgendwelchen Blödsinn damit gemacht hätten.

Im Schein der Lampe vor dem Raubtierhaus studierte Beat den Schlüsselbund genauer. Leider fehlten die Schlüssel zur Kantine oder zum Restaurant. Auch das Imbisshaus unterstand offenbar einem Pächter und nicht Herrn Bendli, Aber hier: `Pinguinhaus Fischraum´. Beat liebte Fisch!

Am besten Eglis oder Sahnehering. Mal sehen was die Pinguine so bekamen.

Schnell lief er um zwei Ecken durch den Schnee und schloss das Pinguinhaus von hinten auf. Er machte Licht und sah durch eine Glastür, dass die Pinguine sich schön brav zu einer großen Kolonie zusammengedrängt hatten: Große und kleine, alle Arten, standen sie nebeneinander auf ihren künstlich gekühlten Fliesen. Beat sah sich im Fischraum um: Auf Regalen standen große weiße Eimer mit Fisch. Sardellen, Heringe, ihm lief das Wasser im Mund zusammen. Er hatte den ersten Hering schon in der Hand, da fiel ihm etwas ein: »Die muss man kochen. Ich bin doch kein Pinguin, der sie roh isst. Und das ist kein Sushi.« Enttäuschung überschwemmte seinen betrunkenen Kopf. Auf dem Tisch in der Mitte des Raumes lag eine Plastiktüte. Beat stopfte zwei Handvoll Heringe und Sardellen hinein. Die konnte er in der Notunterkunft immer noch braten. Aber dann trottete er wieder durch den Schnee.

Der Schlüssel zum Affenhaus passte. Leise pirschte er sich durch die Dunkelheit. In den Käfigen hinter den Gittern hockten die kleinen Affen: Lemuren, Makaken und Totenkopfäffchen. Und Beat war auf der Suche nach ihrem Essen. In der Küche blitzte der Edelstahl aus allen Ecken. Im Kühlschrank fand Beat eine große

Tüte Möhren. Kohlrabi lag daneben. Er biss in eine Möhre und packte eine Hand voll davon ein.

»Fleisch«, dachte er. »Ein saftiges Steak hatte ich auch lange nicht.« Gleich nebenan war wieder das Raubtierhaus. Auf Zehenspitzen schlich Beat so leise es ging im Dunkeln in den Versorgungstrakt hinter den Löwen und Hyänen. Klar, die Viecher waren alle in ihren Käfigen. Aber er wollte kein allgemeines Gefauche riskieren. Behutsam öffnete er die Kühlschränke in der Küche. Alles leer. Auch die Schränke waren innen so sauber wie außen. Vorsichtig und ohne Licht öffnete er die Tür am Ende der Küche. Ein dunkler Gang lag vor ihm. Aus ihm kam der Geruch von saftigem Fleisch. Beat tappte in den Gang. Rechts war ein Gitter. Plötzlich explodierte an dem Gitter ein braunschwarzes Fellbündel mit ohrenbetäubenden Gejaule und Gekreisch und wütend aufgerissenem Maul, das ans Gitter schlug, wo eben noch seine Hand gewesen war. Die Hyäne musste ihn die ganze Zeit beobachtet haben. Entsetzt taumelte Beat zurück und trat aus Versehen in einen Eimer, der hinter ihm stand. Polternd ging er in dem engen Gang mit den weißen Fliesen zu Boden. Die Hyäne lachte ihr schäbigstes Lachen. Beat zog den Fuß aus dem Eimer. In dem weißen Plastik lagen noch zwei riesige Koteletts. »Das hat sich ja gelohnt«, murmelte Beat und packte eines der Fleischstücke zu den Möhren und Fischen.

Auf dem Weg zum Elefantenhaus leerte er seine Schnapsflasche. Weihnachtliche Wärme breitete sich in ihm aus. Jetzt noch ein Brot von den Elefanten, und sein Essen war komplett. Die Tür zur Küche des Elefantenhauses ging nicht auf. Der Schlüssel passte einfach nicht. Gleich daneben war allerdings eine andere Tür. Sie öffnete sich mit dem Küchenschlüssel. Warmer Elefantenmuff schlug Beat entgegen. Vor ihm ein Gang, rechts und links zwei hohe Gitter, die sich im Dunkeln verloren. Schnell zog er die Tür zu und stand im Dunkeln. Neben ihm bewegte sich eine dicke graue Säule. Er stand mitten in der Elefantenherde. Mit klopfendem Herzen machte Beat ein paar vorsichtige Schritte und blickte sich nach einem Weg zur Küche um.

Die Dusche kam völlig überraschend. Zum Glück war das Wasser warm. Es roch durchdringend nach Elefant, was Beat da von rechts oben über die Schulter geschüttet wurde. Seine Jacke und sein rechtes Hosenbein waren sofort durchnässt bis auf die Haut. Beat spürte noch den Rüssel des Elefanten, der durch sein filziges Haar wuschelte und mit seinen zwei Fingern seine Kopfhaut abtastete. Dann rannte er nur noch in Panik den Gang herunter und stieß die Tür auf. Hundert Meter hinter dem Elefantenhaus blieb er stehen und zwang sich, ruhiger zu atmen. Seine nasse Jacke dampfte in der Kälte. Beat konnte fühlen wie sein nasser Körper an Temperatur verlor. Der Elefantenurin hatte ihn wieder halbwegs nüchtern gemacht. Er wusste: Bei minus zehn Grad und Schneefall hatte er in nassen Klamotten gute Chancen auf eine Lungenentzündung oder Schlimmeres. Er brauchte dringend neue Sachen und eine warme Unterkunft

Das Primatenhaus lag gleich nebenan. Mit bereits klammen Fingern nestelte Beat an der Tür. Am Ende eines kurzen Ganges mit braunen Fliesen fand er ein Bad. An einem Haken hing ein roter Frottee-Bademantel. Als Beat seine Nase in den Stoff versenkte, hielt er den Atem an. Der Mantel stank entsetzlich nach ungewaschenem Tier. Dabei mussten sie die Schimpansen, Orang Utans und Gorillas doch hier waschen! Benutzten die denn hier überhaupt kein Shampoo?

Er hatte keine Wahl. Beat schälte sich aus seinen nassen, kalten Klamotten und hängte sie über einen Heizkörper in der Ecke. Er zog den Bademantel an und wickelte sich fest in ihm ein. Wenigstens war ihm hier warm. Er würde die Nacht hier verbringen und sich morgen früh unter die Besucher mischen. Fehlte nur noch ein Platz zum Schlafen. Er nahm einen kleinen Teddy, der auf einem Stuhl saß, und ging weiter.

Leise schlich Beat durch den Gang hinter den Käfigen. Oben auf ihren Kletterbäumen schnarchten die Affen. Plötzlich sah er auf dem Boden des Schimpansenkäfigs ein Tablett mit Früchten stehen: Mangos, Bananen, Birnen, Apfelsinen. Alles in bester Qualität, nicht dieses Gammelobst, das Beat manchmal von den Gemüsehändlern schnorren konnte.

Er tastete nach den Schlüsseln, bis er den ›Käfig Schimpansen‹ gefunden hatte. Beat hielt den Atem an und lauschte. Über ihm zeugten die tiefen ruhigen Atemzüge vom gesunden Schlaf des Schimpansen-Pärchens. Lautlos drehte er den Schlüssel im Schloss. Ohne Geräusch schwang die Gittertür auf. Vorsichtig steckte Beat einen Fuß in den Käfig und hielt sich mit dem anderen Fuß am Gitter der Tür fest. Er streckte seine Hand nach dem Tablett aus und nahm sich eine Bana...

Mit siebzehn war Beat einmal von einem Auto erfasst worden. Mit ähnlicher Wucht traf ihn jetzt der Affe. Eine übermächtige Gewalt riss ihn nach oben. Zwei starke, behaarte Arme katapultierten ihn fünf Meter in die Höhe. Die Tür knallte hinter ihm ins Schloss. Der Gestank nach Fell und der Maulgeruch des Affen nahmen ihm den Atem. Er sah die gelben Zähne des Schimpansen direkt vor sich und registrierte die scharfen Reißzähne. Voller Panik hielt er seine Hände vor das

Gesicht. Er merkte, wie der Bauch des Teddys aufriss und ihm mit einer Kaskade aus weißen, weichen Füllmaterial den Kopf bedeckte. Der gewaltige Brustkorb des kleinen Tieres und seine starken Arme hielten ihn wie in einem Schraubstock. Dann entriss ihm eine Hand seine Tüte. Schmatzend machten sich die drei Schimpansen über sein Essen her. Der Schimpanse, der ihn vom Boden geangelt hatte, hielt ihn immer noch fest. Und Beat war ihm fast dankbar dafür, denn er hatte keine Lust, aus fünf Metern Höhe auf den dreckig-gelben Linoleum-Boden zu knallen. Dann schwang der Affe mit ihm im Arm zu einem der Autoreifen, die an der Scheibe an starken Tauen hing. Er angelte nach einem zweiten. Beat wurde kopfüber in die beiden Autoreifen gesteckt. Dann wurde es dunkel um ihn herum.

»Schau mal, Mama«, sagte das Kind ein paar Stunden später. Die Morgensonne schien ins Primatenhaus. »Der Weihnachtsmann war wirklich bei Affen, wie du es gestern erzählt hast.« Und tatsächlich: Im Affenkäfig hing ein Mann im roten Mantel und mit langem weißen Bart. Nur hatte er den Sack über den Kopf gezogen, und er baumelte in zwei alten Autoreifen. Er regte sich, aber nur sehr schwerfällig. »Ja«, sagte die Mutter und blickte nach oben. »Der Weihnachtsmann hatte gestern einen anstrengenden Tag. Aber jetzt lässt er sich ganz schön hängen.«

Mutter Rosa
und die amerikanischen Soldaten
Klaus Pfeifer

Schwerfällig bewegte sich die gefrorene Wäsche auf der Leine. Der Wind ebnete den zerklüfteten Ackerboden mit Pulverschnee. Langsam versanken die grünbraun getarnten Zelte in der weißen Landschaft.

Rosa schabte mit ihrem Fingernagel ein Loch in die Eisblumen und blickte hindurch. Mit Sorge schaute sie zu den Angehörigen der alliierten Streitkräfte.

Sollten sie nicht besser bei ihren Familien sein, zumindest an Weihnachten? Erst gestern noch wärmten sich die Soldaten am offenen Feuer. Wo waren sie heute?

Acht Jahre nach der Kapitulation Deutschlands, sprach niemand mehr von Feinden. Dennoch waren Kontakte zwischen Einheimischen und den Beteiligten der Manöver untersagt.

Die Familie von Rosa und Alois Pfeifer lebte in einem kleinen Haus außerhalb der geschlossenen Ortschaft. Als einziger Wehrmachtssoldat aus der Familie, kehrte der älteste von vier Söhnen unversehrt zurück. Alois war bis Kriegsende als Formgeber in der Rüstungsindustrie beschäftigt. Danach fand er lediglich Gelegenheitsarbeiten. Im Herbst sammelten sie Pilze und Beeren, die verkauft wurden. Im eigenen Garten baute die Familie Gemüse an. Es war ihnen möglich, Kaninchen, Hühner, eine Ziege und ein Schwein zu halten.

Alois verabschiedete sich mit einem Kuss auf Rosas zarte Wange. Kurz vor dem Fest wurde geschlachtet. Mit seinen Söhnen ging er in den Wald Feuerholz sammeln. Das Schlachten des Schweins verbrauchte mehr Brennstoff, als angenommen.

Rosa schaute ihrem Mann und den Söhnen hinterher. Das Schneetreiben verschluckte die Umrisse. Ihr Blick schweifte zur verschneiten Zeltstadt.

Wo sind nur die Soldaten, doch hoffentlich nicht erfroren?

In einem Schlachtkessel kochte Rosa Wurst aus dem Fleisch der geschlachteten Sau. Einige Därme platzten und Wurstbrät geriet ins Kochwasser. Zu viele hielten dieses Mal stand. Sie zerstach weitere Würste mit der Gabel. Nachdenklich stand sie am Herd und rührte mit einem langen Holzlöffel die Suppe. Leise knisterte das Feuer. Im Haus war es totenstill.

Rosa erschrak von einem dumpfen Scheppern.

Hatte jemand geklopft?

»Gott, ich bin alleine, soll ich öffnen?«

Ängstlich schaute sie durch den Türspalt. Sie blickte in die dunklen Augen eines Mannes mit schwarzer Haut. Schnell schloss sie die Tür. Es klapperte metallisch. Mit zitternden Händen stieß der Soldat seine Aluminiumschale an das Holz der Haustür.

Rosa hörte ihn durch die Tür stammeln: »Water…, water…, please…«. Rosa fühlte sich unwohl. Gänsehaut überzog ihren ganzen Körper.

War das ein Vorwand ins Haus zu kommen?

Sie konnte kein Englisch und verstand nicht, was der Mann wollte.

Vielleicht roch er die Wurstsuppe? Es klang doch so ähnlich.

Rosa öffnete langsam noch einmal die Haustür. Sie nahm die Schüssel entgegen und füllte sie mit Brühe aus dem Wurstkessel. Lächelnd reichte sie ihm die dampfende Suppe und flüsterte: »Guude Worschtsupp, guuden Appetit«.

Die Augen des Fremden begannen zu leuchten. Er reichte ihr einen Geldschein. Rosa lehnte ab. Helfen in Not war zu rechtfertigen. Geschäfte mit Soldaten bei Strafe verboten.

Einige Minuten später klopfte es erneut. Dreißig Männer warteten in Reih und Glied. Rosa schmunzelte und öffnete die Haustür. Die Soldaten folgten bis in die warme Küche. Einem nach dem anderen füllte sie den Napf. Ihre glücklichen Gesichter, wärmten Rosas gutmütiges Herz. Kopfschüttelnd lehnte sie jegliche Bezahlung ab.

Als Alois mit den Söhnen nach Hause kam, waren die Soldaten fort und die Suppe komplett verteilt. Alois wurde wütend. Er schimpfte über das Zurückweisen des Geldes. Langsam wurde Rosa bewusst, dass die Familie das Geld gut gebraucht hätte. Die amerikanischen Soldaten hatten genug davon. Sie konnten sich ohnehin nichts dafür kaufen.

Traurig begann Rosa mit dem Aufräumen der Küche. So hatte sie sich Weihnachten nicht vorgestellt.

Ihre Söhne halfen. Da schrie der Jüngste auf und streckte einen Dollarschein in die Höhe. Nach und nach kamen etliche Banknoten zum Vorschein. Die dankbaren Soldaten versteckten sie heimlich unter Töpfe, Tassen, Teller und Schüsseln.

Das Geld reichte, ein neues Schwein zu kaufen.

Eine wahre Geschichte - Klaus Pfeifer
(Enkel von Rosa und Alois Pfeifer)

Die Weihnachtsgans
Ellen Eckhardt

Vor ein paar Tagen waren wir noch zehn gewesen.

Ganz früh ging die Tür auf. Die anderen waren schon zu sehen. Bauer Müller stolperte mit dem Nachbarn herein. Ich konnte diesen Nachbarn noch nie leiden. Der roch so nach Tabak. Ja Tabak, das kannte ich von meinem Vater. Der hatte einmal so ein trockenes Blatt gefunden und blitzschnell verspeist, bevor die anderen es sehen konnte. Das war sein letztes Blatt. Er schrie laut, lief wie verrückt im Kreis, fiel um und stand nicht mehr auf. Bauer Müller hat dann meinen Vater geholt.

Da waren wir noch neun.

Heute steht der Bauer schon früh im Stall. Das ist eine Aufregung. Alles läuft und fliegt durcheinander. Er nimmt Emil mit. Bringt er ihn wieder? Keine Ahnung. Ich weine Emil jedenfalls keine Träne nach. Dauernd zwickt er mich. Vor ein paar Tagen wollte ich mich in mein Bett zurückziehen. Aber es fehlte. Emil und sein Freund hatten es ausgeräumt und überall verteilt. Das sollte ein Spaß sein. Und sie hielten sich auch ihre Bäuche vor Gekicher. Aber Mama hat es ihnen gegeben. Sie mussten mein Bett wieder aufbauen.

Noch acht sind wir jetzt.

Einer nach dem anderen watschelt nach draußen. Ein feuchter Tag. Wir wollen schwimmen gehen. Der See ist nicht groß. Leider ist er eingezäunt. Aber unter uns wächst schön kitzeliges Gras.
Platsch – was war das? Raus aus dem See. Wir fliehen in alle Richtungen. Wo kam denn der Hund her? Eben fliegt er mit Jana im Maul über den Zaun. Der Bauer verfolgt ihn mit seiner Flinte. Piff – Paff – hat er ihn erwischt? Jana kommt nicht wieder.

Wir sind nur noch sieben.

Am Abend lassen wir alle die Köpfe hängen. Die sollten wir noch die nächsten Tage hängen lassen. Es schneit. Mama macht ein paar Schritte durchs Gras. Nur um sich etwas zu bewegen, meint sie. Bauer Müller kommt eben um die Ecke. Er legt seinen Arm um sie, lässt sie aber gleich wieder los. Martin ist ihm am nächsten. Fest packt der Bauer zu. Martin schreit, windet sich, zwickt ihn. Keine Chance gegen so kräftige Arme.

Wo bringt er ihn denn hin?

Wieder einer weniger.

Zu sechst schlafen wir ein. Nur der Mond da droben weiß, wie so ein Leben aussieht. Jeder könnte mittlerweile einen Freund zum Kuscheln gebrauchen. Wir rücken näher zusammen. Kalte Luft strömt durch das Loch. Der Bauer hatte es nicht geschlossen.

Es riecht – es riecht nach nassem Fell. Alle sind plötzlich wach. Schnattern. Etwas schießt zwischen uns. Ein Fuchs. Er schnappt nach Heiners Hals und ist auch schon wieder durchs Loch. Heiner zieht er nach sich. Das Tor wird aufgerissen. Bauer Müller steht mit der Flinte da. Wir sind ganz aufgeregt. Der Bauer schaut nach draußen. Schießt, einmal, zweimal. Er läuft weg, kommt wieder, verschließt das Loch und das Tor.

Zu fünft liegen wir jetzt im Stroh.

Warme Strahlen wecken uns. Das ist ein Geschnatter. Jeder muss noch etwas über die Nacht erzählen. Frederick und Luise gehen zu zweit im Schnee spazieren.

Am Abend sind wir noch vier. Der Bauer hatte Frederick mitgenommen.

Kaum dämmert es am Morgen, gehen wir nach draußen. Wir suchen nach Grashalmen. Unter dem Baum gibt es noch genug. Luise ist im Stall geblieben. Sie trauert ein bisschen um Frederick. Das Tor quietscht, es öffnet und schließt sich wieder. Luise ruft. Hälse heben sich nach oben, senken sich wieder, zum Gras. Wir hatten uns an die Besuche des Bauern gewöhnt.

Nur ich nicht. Wir sind nur noch drei.

Jetzt reichts. Nichts wie weg hier. Ich bin doch nicht blöd. Der Zaun am See geht an einer Stelle nicht sehr tief. Luft holen, untertauchen, durchzwängen, nach oben. Geschafft. Zugegeben, am Rücken habe ich zwei Federn verloren. Immer im Gebüsch bleiben. Da vorne sind viele Bäume. Lautes Geschrei hinter meinem Rücken. Es wird immer leiser.

Und jetzt? Wohin? Wo kommt eine Gans im Winter gut unter?

Da vorne beginnt der Wald. Erst mal immer an den Bäumen entlang. Schritte, von Menschen. Ich drücke mich zwischen die Bäume. Es riecht nach Metall. Nach dem Pulver vom Nachbarn. Die Menschen gehen vorüber. Gut.

Was ist das? Weißes fällt von oben. Wie dicke weiße Blätter fallen die Schneeflocken von oben. Die Bäume verschwinden vor meinen Augen. Aber riechen kann ich gut. Es riecht nach Suppe. Ein Licht erscheint im Flockennebel. Vorsichtig trappe ich näher heran.

Ein kleines Mädchen springt hinter dem Zaun hin und her. »Schneeflöckchen, weiß Röckchen…«, singt sie. Immer wieder.

Plötzlich verstummt sie, läuft ins Haus, kommt mit ihrer Mutter zurück. »Da«, ruft sie und zeigt mit dem Finger in meine Richtung. Die Mutter geht ins Haus zurück. Als sie zurückkommt, streckt sie ihre Hand in meine Richtung. Brot fliegt mir vor die Füße. Lecker. Ich habe Hunger. Da liegen weitere Brotkrumen. Es geht um eine Ecke. Ein Tor schließt sich hinter mir.

»Wo soll die Gans denn schlafen?« fragt das Mädchen.

»Hinten in der Hütte. Wir haben dort noch etwas Heu von Opa.«

Noch ein Tor schließt sich hinter mir. Aber ich liege in warmem Heu. Das riecht so gut. Ich träume von Jägern und Bauern und von kleinen Mädchen, die meine Federn streicheln.

»Bei uns gibt es Fisch zu Weihnachten«, hatte sie gesagt.

Perspektiven-Wechsel
Martina Füg

Heiligabend

Achttausend Jahre

Mein Heiland erscheine

Als Habe Jahrmilliarden Schweigen

Geweiht

Heiligabend

Achttausend Jahre

Mein Heiland erscheine

Als Habe Jahrmilliarden Schweigen

Entzweit

Silvester Märchen
Marc Mandel

Es waren einmal zwei Geschwister. Die hießen Jonas und Emma. In einer kleinen Wohnung lebten sie zusammen mit ihrem Vater, den sie meistens `Dad` nannten.

Außerdem gab es hier noch eine kleine weiße Katze namens `Hexe`.

Sie hatten auch eine Mutter; die von allen Mama genannt wurde. Aber sie war im Sommer nach München gezogen, weil sie dort in einem großen Softwarehaus eine bessere Arbeit gefunden hatte als hier in Darmstadt.

Unten im Haus gab es eine kleine Verkaufsstelle, in der der Vater Zeitungen und Getränke verkaufte – ein Wasserhäuschen, wie man in Hessen sagt. Deshalb verließ der Vater immer schon um halb sechs die Wohnung. Gegen elf Uhr schloss er dann den Kiosk, um erst am Abend wieder zu öffnen.

So kam es, dass die Kinder morgens allein aufstehen mussten; waren sie doch erst zehn und zwölf Jahre alt.

Unter Emmas Leitung teilten sie sich die Hausarbeit, auch wenn sie fast zwei Jahre jünger war als Jonas. Jede Woche bereiteten sie abwechselnd das Frühstück vor, denn wer gerade nicht dran war, brauchte erst als zweiter ins Bad zu gehen und konnte so etwas länger schlafen. Um Mittagessen und Abendbrot kümmerte sich der Vater.

Heute war der Silvestermorgen; beide hatten Ferien. Jonas bückte sich und stellte der Katze einen kleinen Napf mit Thunfischfutter hin. Dann schüttete er Milch in die beiden Müsli-Schälchen auf dem Tisch.

Emma kam aus dem Bad. Ohne Warnung kniff sie ihrem Bruder in den Arm: »Zum Neuen Jahr darf man sich doch etwas wünschen?«

Jonas erkannte sofort, dass dies überhaupt keine Frage war.

»Eigentlich hast Du Recht.« Er zögerte – schließlich kannte er seine Schwester: »Aber es bedeutet nicht, dass die Wünsche sich erfüllen.«

»Doch. Man muss nur ganz fest daran glauben. Und Mama hat mir erzählt, dass ich es nur unserer Hexe sagen muss. Sie ist nämlich keine gewöhnliche Katze. Sie kann Wünsche erfüllen.«

»Aber nur, wenn man so ein naives Baby ist wie Du.«

Emma schluckte diese Spitze hinunter. Beide setzten sich. Die Katze sprang auf einen freien Stuhl und hob den Kopf, als wolle sie den beiden zuhören. Emma sagte feierlich: »Hexe, hör' zu: Ich wünsche mir, dass die Mutter wiederkommt.«

»Du Problemikerin. Dass Mama nach München wechselte, das ging nicht anders. Weil wir Schulden haben. Und nur in München gab es eine richtige Arbeit für sie. Außerdem war sie doch an Weihnachten erst hier.«

»Und das war zauberschön. Zu kurz halt.«

»Sie hat ja eh nix mitgebracht. Ein Extra-Geschenk aus München hätte ich schon erwartet.«

»Du bist kein Bruder. Du bist ein Haben-Wollen-Zombie. Das hat sie doch vorher so mit Dad abgesprochen, dass sie nix mitbringt. Du hast eben selbst gesagt, dass wir knapp bei Kasse sind. Dad sagt, im nächsten Jahr, wenn der Kredit abgelöst ist, dann geht es besser. Aber nur, wenn Mama in München arbeitet, weil es so einen Job woanders nicht gibt.«

»Es muss ja nicht gleich ein Hololens sein für viertausend Dollar. Ein 3D-Touchscreen mit siebenundzwanzig Zoll hätte es erst einmal getan.«

»Kein Mensch braucht einen 3D-Touchscreen. Und einen Hololens für viertausend braucht schon gar keiner. Ich weiß gar nicht genau, was das ist.«

»Das ist eine Spezialbrille für virtuelle Realität. In ein paar Jahren hat das jeder. Das versteht man in Deinem Alter noch nicht.«

»Du bist ein Sipp, der gar nix kapiert.«

»Schieb Dir was, Schwesterschnittchen.«

»Ich hätte halt gern, dass Mama wieder da wäre.« Sie nahm die Katze auf den Schoß. »Kleine Hexe. Du verstehst mich.«

»Nun komm mal 'runter, Emma. Ich fänd's doch auch gut, wenn wir wieder eine Mutter hätten. Bin aber erwachsen genug, zu raffen, dass es nicht anders ging. Der Kiosk wirft nun mal nicht genug ab.«

»Jeden Tag passieren Wunder. Ich glaube, wir müssen uns nur ganz fest etwas wünschen. Dann passiert es auch.«

»Träum weiter, Schwesterlein. Ich glaube nur, was ich sehe.«

»Und der Zauberer im Zirkus? Den hast Du doch gesehen. Konnte der zaubern oder nicht?«

»Das waren Tricks, die er vorgeführt hat. Die haben bestimmt ganz natürliche Ursachen. Wir kennen sie bloß nicht. Hat unsere Physiklehrerin gesagt. Und wenn Du so alt bist wie ich, wirst Du begreifen, dass nur Dinge passieren, die man mit Naturgesetzen erklären kann.«

»Du tust immer so schlau. Aber Du verstehst nix.« Sie drohte ihm mit dem Löffel. »Unsere Mutter kommt bestimmt nicht wieder, wenn Du gar nicht daran glaubst.«

'Wenn Ihr wüsstet, dass ich jedes Wort verstehe' dachte die Katze. Sie leckte Emma den Finger.

***

Als der Vater um elf nach oben kam, saßen die Kinder an einem Kingdomino-Brett und spielten. Emma war am Gewinnen. Die Katze lag auf einem freien Stuhl und döste.

»Heute bleibe ich zuhause.«

»Geil. Warum?«

»Unser Kiosk bleibt zu an Silvester und Neujahr.«

»Dann kannst du ja mitspielen, Dad.«

»Später. Erst einmal muss es etwas zu essen geben.

Übrigens: Für das Neue Jahr dürft Ihr Euch etwas wünschen.«

Jonas sprang auf: »Bekommen wir es dann auch?«

»Natürlich. Weil die Hexe nämlich eine Zauberkatze ist.«

»Ich hab's gewusst«, jubelte Emma, »unsere Hexe kann zaubern.«

»Langsam. Es funktioniert nur unter ganz bestimmten Umständen. Erstens: Ihr müsst denselben Wunsch haben. Zweitens: Ihr dürft ihn nicht laut nennen. Drittens: Ihr müsst ganz fest daran glauben, dass er erfüllt wird. Viertens: Ihr müsst den Wunsch nacheinander der Hexe ins Ohr flüstern. Später muss jeder die Katze fünf Minuten lang streicheln.«

»Okay Dad. Aber wie bringe ich meine beschränkte Schwester dazu, sich ein Hololens von Microsoft zu wünschen?«

»Du Raffzahn, Du, Du.« Emma drohte mit ihrer kleinen Faust.

»Ruhe«, der Vater nahm die Katze auf den Arm, »Ihr dürft gar nicht laut sagen, was Ihr denkt. Jeder muss seinen Wunsch denken und erst danach der Katze zuflüstern. Aber so, dass es niemand sonst hört.«

»Ich werde mir bestimmt nicht so ein blödes Hololens wünschen. Der spinnt ja.«

»Wenn Ihr Euch streitet, bekommt Ihr gar nichts.« Der Vater reichte Emma die Katze. »Willst Du Ihr etwas ins Ohr flüstern?«

»Tu das nur. Ich habe noch nie gemerkt, dass unsere Hexe zaubern kann. Sie ist eine ganz normale zickige kleine Katze.«

Emma reichte ihm das Tier. »Sei doch einmal vernünftig, Jonas. Siehst Du, wenn Du sie ein wenig streichelst, ist sie überhaupt nicht zickig.«

Da läutete die Türglocke.

Die Mutter kam hereingeflogen, umarmte die Kinder, den Mann, nahm die Katze auf den Arm. »Stellt Euch vor. Ich bin versetzt worden. Ab morgen arbeite ich in Frankfurt.«

»Was hast Du denn da in der Tragetasche?«

»Das ist ein Hololens. Mein Chef hat es mir mitgegeben, damit die Kinder es einmal ausprobieren können.«

Haikus
Oliver Baier

Wenn Schnee bei Nacht fällt
bleibt die Dunkelheit auf ihm
und verschwindet nie.

Weihnachtsmann hör zu
mein Brief an Dich wartet hier
hol ihn und staune.

Plätzchen, Stollen fein
Esst Pute, Klöße und Kraut
Der Magen liebt euch.

Kind strahle immer
Sei dankbar für alles heut
Es gibt kein morgen.

Wo wohnt denn eigentlich das Christkind?
Hildegard Hillenbrand

Tagaus, tagein trug Emil Glück seine Briefe aus. Alle Leute in Neutsch kannten ihn. Besonders die Kinder hatten ihn sehr gern.

Emil Glück las die Anschriften auf den Briefen, damit er wusste, wo er sie einwerfen musste. »An das Christkind«, murmelte er. »Wo wohnt denn das Christkind? Noch ein Brief an das Christkind und noch ein Brief und noch und noch..., hm?«

Emil Glück war ratlos. So viele Kinder hatten geschrieben. Hoppla, da war ein Brief nicht zugeklebt. Das Blatt segelte leise zu Boden.

Briefträger dürfen die Post ja nicht lesen. Als Emil Glück sich jedoch bückte, um den Brief aufzuheben, sah er, aber nur aus Versehen, was darauf stand.

Liebes Christkind, schrieb der kleine Sven, bitte, bitte, bitte, schenke mir doch zu Weihnachten eine Eisenbahn.

Da war guter Rat teuer, denn wenn Emil Glück nicht wusste wo das Christkind wohnt, konnte er die Briefe nicht abliefern und kein Kind in Neutsch bekam zu Weihnachten ein Geschenk.

Emil Glück beschloss, den Polizisten Herrn Lautenschläger zu fragen. Herr Lautenschläger wusste immer alles und wenn er etwas nicht wusste, dann fragte er einfach seinen Computer.

Herr Lautenschläger war gerade dabei nach Hause zu gehen, aber für Emil Glück schloss er noch einmal sein Büro auf.

Herr Lautenschläger wusste auch nicht, wo das Christkind wohnt. Deshalb schaltete er seinen Computer ein, um dort die Anschrift herauszusuchen.

»Christiani, Christmann, Christ« murmelte er vor sich hin.« Nein, ein Christkind haben wir hier nicht. Aber gehen Sie doch zu Herrn Pfarrer Speck, der müsste es wissen.«

»Danke, lieber Herr Lautenschläger«, sagte der Briefträger und machte sich sofort auf den Weg zu Herrn Pfarrer Speck.

Der schmückte gerade in der Kirche den allergrößten Weihnachtsbaum. Kerzen steckte er darauf und hängte ganz viele Strohsterne daran, kleine, große und mittelgroße. Herr Pfarrer Speck hatte an Weihnachten immer sehr viel zu tun. Für Emil Glück nahm er sich jedoch Zeit.

Emil Glück erzählte ihm von seinem Kummer. Herr Pfarrer Speck dachte lange nach. Da fiel ihm ein, was seine Mama immer zu ihm gesagt hatte. »Das Christkind wohnt im Himmel«, sagte er laut, »dort können Sie die Briefe abgeben.« »Vielen Dank Herr Pfarrer, tschüss und ein schönes Weihnachtsfest für Sie«, rief Emil noch und weg war er .

Für Emil Glück war jetzt alles klar. Er musste nur Herrn Flieger, den Flugzeugpiloten finden. Dann konnten sie zusammen zum Himmel fliegen und die Briefe dort abliefern.

Der Briefträger hatte heute Glück, denn Herr Flieger war gerade dabei einen Rundflug zu starten. Fotos sollte er »schießen«. Ganz viele Fotos von der herrlichen Schneelandschaft von Neutsch und nebenbei konnten sie bestimmt das Christkind suchen. Also kein Problem. »Steigen Sie ein, Herr Glück und schnallen Sie sich gut an, denn ein paar Loopings muss ich schon drehen damit ich von Neutsch auch Fotos von der Seite bekomme.« Das machte Emil Glück doch gar nichts aus, der war mutig wie ein Bär. Doch als Herr Flieger die Loopings drehte, wurde dem mutigen Emil Glück doch ein wenig flau im Magen.

Schließlich war der Film von Herrn Flieger voll und sie konnten endlich auf die Suche nach dem Christkind gehen. Entschuldigung, fliegen natürlich.

Herr Flieger flog mit seinem Flugzeug so hoch, dass sie sogar über den Wolken waren. Da schien die Sonne und unter ihnen sahen die

Wolken aus wie dicke, fette Wattebäusche, die über der Erde schwebten. Emil Glück kniff seine Augen zusammen, denn die Sonne blendete ihn sehr. So viel er jedoch schaute, er konnte das Christkind nirgends entdecken und so landeten sie schließlich wieder.

»Tut mir leid, dass ich Ihnen nicht helfen konnte«, sagte Herr Flieger. »Wenn Sie wieder einmal meine Hilfe brauchen, melden Sie sich bitte.« Emil Glück bedankte sich und ging traurig davon.

***

Er hatte noch einen Brief für Herrn Rektor Bär in seiner Posttasche. Heute gab es Weihnachtsferien. Da musste sich Emil Glück beeilen. Herr Bär saß im Büro der Dorfschule, hinter seinem Schreibtisch. Emil Glück überreichte ihm die Post. »Was haben Sie denn, Herr Glück? Sie sehen heute so traurig aus«, fragte Rektor Bär. Da erzählte ihm der Briefträger von seinem Kummer.

»Ja, ja«, sagte Herr Rektor Bär: »Da ist guter Rat teuer. Wie kommen die Briefe zum Christkind? Wenn ich nur wüsste wie? Ich würde Ihnen so gerne helfen Herr Glück, aber ich weiß nicht wie. Es tut mir wirklich sehr leid.«

Der Briefträger bedankte sich herzlich, wünschte Rektor Bär ein schönes Weihnachtsfest und einen guten Rutsch und ging.

***

Die Schulglocke läutete. Endlich Ferien. Voller Freude strömten die Kinder aus dem Schulgebäude. Da, rumms, da war's passiert. Der kleine wilde Paul sauste um die Ecke und stieß mit Emil Glück zusammen, purzelte auf den Boden und dellerte sein rechtes Knie an. Emil Glück hob den vor Schmerz weinenden Paul auf, nahm ihn in seine Arme und tröstete ihn. Schön war das. Der Briefträger war so kuschelig und warm. Paul ging es sofort besser. Auch Paul bemerkte, dass Emil Glück traurig war. Er fragte ihn warum, und Paul wusste Rat. »Du musst die Briefe vor die Tür stellen«, sagte er. »Du darfst aber nicht linsen. Dann kommt das Christkind und holt die Briefe in der Nacht ab.« » Ach so einfach geht das«, wunderte sich Emil Glück. »Tschüss Paul und vielen Dank für Deinen Rat.«

Gesagt, getan. Kaum war Emil Glück zuhause, nahm er den großen Sack mit den Weihnachtsbriefen und legte ihn vor die Haustür.

Am nächsten Morgen schlüpfte er in seine Pantoffeln und trat, noch im Schlafanzug, vor die Haustür. Brrr war das kalt. Draußen hatte es noch einmal kräftig geschneit. Im frischen Schnee waren einige Vogelspuren zu entdecken. Die Kinder schliefen noch. Nur Kater Murks machte seinen Morgenspaziergang. Emil Glück schaute nach den Briefen. Tatsächlich, der ganze große Sack war verschwunden. Hoffentlich hatte das Christkind den Sack mit Briefen mitgenommen. Wenn nun ein Räuber in der Nacht die Briefe gestohlen hatte, was dann?

***

Endlich war Heilig Abend. Emil Glück musste an diesem Tag keine Briefe austragen. Er packte sich Essen ein, füllte warmen Tee in eine Thermoskanne, nahm einen großen Sack mit Äpfeln und Karotten mit und stapfte in den Neutscher Wald. Dort behängte er alle kleinen Tannenbäumchen mit Karotten und Äpfeln, als Weihnachtsgeschenk für die hungrigen Tiere. Den Vögeln streute er Futter auf einen Baumstumpf.

Als der Futtersack leer war rief er: »Fröhliche Weihnachten, ihr Tiere!«

Dann machte er sich auf den Heimweg. Der Schnee knirschte unter seinen Schuhen. Es wurde schon dunkel. Die Fenster in den Häusern waren hell erleuchtet. Emil Glück sah die bunt geschmückten Weihnachtsbäume, er hörte fröhliche Kinderstimmen Weihnachtslieder singen. Er sah die erwartungsvollen, leuchtenden Kindergesichter. Als er am Haus des kleinen Sven vorbeikam, hörte er diesen rufen: »Guck mal Mama, das Christkind hat mir eine Eisenbahn gebracht!«

Da lächelte Emil Glück, denn nun wusste er, dass das Christkind den Sack mit den vielen Briefen geholt hatte und alle Wünsche der Kinder erfüllt wurden.

Longing for Christmas
Martina Füg

Zunächst.

Das Konto: inspizieren.
Den Bestand: perforieren.
Das Angebot: sondieren.
Den Rabatt: reklamieren.
Mit Prozenten: spekulieren.
Den Lottoschein: anvisieren.
Das Glück: akquirieren.
Pakete: etikettieren.
Postkarten: illustrieren.

Vor allem.

Das Kostüm: selektieren.
Die Garderobe: justieren.
Das Haupt: frisieren.
Das Kinn: rasieren.
Hinterm Ohr: parfümieren.
Wo delikat: epilieren.
Das Antlitz: restaurieren.
Den Makel: kaschieren.
Die Miene: ziselieren.
Das Gemüt: kalibrieren.

Heikel.

Die Sturmwarnung: ignorieren.
Im Auto: chauffieren.
Sich darüber: echauffieren.
Im Stau: hyperventilieren.
Hilfe: signalisieren.
Mit dem Fahrrad: campieren.
Den Zug: selektieren.
Per pedes: marschieren.

Merke.

Den Dreck: separieren.
Die Ordnung: initiieren.
Im Haushalt: rotieren.
Den Stollen: präparieren.
Den Besuch: temperieren.
Als Familie: markieren.
Die Sippschaft: einquartieren.
Nur verschwiegen: kopulieren.
Schwippschwagern: imponieren.
Vor dem Spaziergang: desertieren.
Die Enkel: inquirieren.
Emojis: infiltrieren.
Jugendsprache: transkribieren.

Vorsicht.

Das Vermögen: inspizieren.
Das Kleingedruckte: visitieren.
Den Patriarchen: tyrannisieren.
Das Gold: mumifizieren.
Zwischen Parteien: manövrieren.
Den Anwalt: alarmieren.
Den Therapeuten: supervidieren.
Den Ablauf: komplizieren.
Die Skepsis: torpedieren.
Die Versöhnung: zelebrieren.
Das Testament: signieren.

Zumindest.

Zur Kirche: ambulieren.
Unter Kanzeln: antichambrieren.
Die Schrift: akzentuieren.
Den Weihrauch: inhalieren.
Das Schauen: mystifizieren.
Die Andacht: implementieren.
Die Passion: verifizieren.
Das Krippenspiel: goutieren.
Den Tonfall: imitieren.
Das Gedicht: memorieren.
Das Damals: stilisieren.
Das Vergessen: absentieren.
Filme: konsumieren.

Die Langeweile: erodieren.
Zu Bach: tirilieren.
Gesangshefte: kopieren.
Strophen: sibilieren.
Das Klavier: attackieren.
Die Flöte: stimulieren.
Schlussendlich: musizieren.

Auf alle Fälle.

Die Räume: dekorieren.
Stanniolsterne: fabrizieren.
Die Plätzchen: präsentieren.
Rote Wangen: evozieren.
Die Herzen: flambieren.
Die Augen: magnetisieren.
Mit Tränen: balsamieren.
Den Schnee: skalieren.

Muss sein.

Den Ständer: exhumieren.
Den Baum: positionieren.
Die Nadeln: imprägnieren.
Die Kugeln: polieren.
Die Lichter: installieren.
Die Krippe: inszenieren.
Mit Geschenken: defilieren.

Den Festtag: kolorieren.
Maria: glorifizieren.
Den Heiland: adorieren.
Mit Inbrunst: jubilieren.
Die Tradition: garantieren.

Besonders.

Zur Predigt: lamentieren.
Mit Hinzekunz: schwadronieren.
Mitunter: latinisieren.
Die Feinde: kompromittieren.
Die Politik: persiflieren.
Die Ansprache: examinieren.
Die Brandstifter: stigmatisieren.
Der Feuerwehr: salutieren.
Den Hund: kommandieren.
Mit Witzen: blamieren.
Die »Bild«: kommentieren.
In Festtagsreden: reüssieren.

Unbedingt.

Den Hecht: harpunieren.
Den Leib: filetieren.
Den Hasen: massakrieren.
Die Ente: tranchieren.
Den Braten: servieren.
Das Gemüse: blanchieren.

Mit Garnelen: garnieren.
Für Kroketten: kokettieren.
Neue Speisen: komponieren.
Nur die alten: honorieren.
Lebkuchen: magazinieren.
Mit Gebräuen: experimentieren.
Alkohol: absorbieren.
Vegan vegetarisch: »vegetieren«.
Das Dessert: bagatellisieren.

Erst recht.

Den Urlaub: formatieren.
Nach Übersee: telefonieren.
Das Erinnern: organisieren.
Die Fotos: archivieren.
Das Innehalten: terminieren.

Manchmal.

Die Engel: delegieren.
Die Frustrierten: frustrieren.
Den Teufel: delektieren.

Womöglich.

Sich: engagieren.
Das Exempel: statuieren.
Die Geduld: maximieren.

Die Großmut: crescendieren.
Die Liebe: inthronisieren.
Die Hoffnung: flankieren.
Die Freiheit: apologetisieren.
Dem Scharfsinn: akklamieren.
Die Tugend: rehabilitieren.
Die Zuversicht: extrahieren.
Den Respekt: inaugurieren.
Die Demut: inkorporieren.
Den Frohsinn: stabilisieren.
Die Inspiration: subventionieren.

Frohes Fest!

Die Angst: skalpieren.
Den Wucher: eliminieren.
Der Trauer: kondolieren.
Die Angst: rationieren.
Die Zwietracht: sabotieren.
Den Stolz: minimieren.
Die Habsucht: desavouieren.
Den Zorn: kanalisieren.
Zur Wollust: meditieren.
Die Pedanterie: marginalisieren.
Den Starrsinn: stornieren.
Den Neid: skelettieren.
Die Faulheit: strangulieren.
Den Überdruss: laternisieren.
Die Völlerei: exkulpieren.

Den Reichtum: relativieren.
Die Enge: ignorieren.
Die Arroganz: exportieren.
Die Rache: marodieren.
Den Hass: liquidieren.
Besser noch: parodieren.
Die Verzweiflung: regieren.
Den Moment: konsekrieren.
An die Ewigkeit: appellieren.

Zwischen den Jahren.

Den Keller: tapezieren.
Den Hering: marinieren.
Todos: fixieren.
Mit Streusalz: assistieren.
Das Cabaret: konsultieren.

Silvester.

Vor Mitternacht: saunieren.
Die Skepsis: korrumpieren.
Den Schweinehund: motivieren.
Mit Vorsätzen: experimentieren.
Das alte Jahr: katapultieren.
Zum Feuerwerk: explodieren.

Ach ja.

Die Reste: tiefgefrieren.

Don´t forget.
Fortlaufend:

Alles: twittquittieren!

Dornwald
Thomas Fuhlbrügge

Marie spürte einen Schwall warmer Flüssigkeit zwischen den Beinen hinunter rinnen. Entsetzt blickte die Vierzehnjährige an sich herab. »Yusuf – die Fruchtblase ist geplatzt!« Die Jeans, mit den Löchern an den Knien und der Autositz fühlten sich nass an.

»Jetzt schon?« Ihr Freund sah zu ihr. Er konnte kaum den Blick von der feucht glänzenden Hose wenden. Fast wäre der alte Fiesta auf der raureifglatten Fahrbahn ins Schlingern geraten. »Die Wehen haben doch gar nicht eingesetzt.«

»Vorhin, nach dem Tritt gegen den Außenspiegel, spürte ich ein leichtes Ziehen. Jetzt glaube ich, es geht los. Da war jede Menge Blut dabei. Halt an.«

»Hier? Mitten auf der Landstraße? Soll ich nicht doch bis nach Umstadt ins Krankenhaus fahren?« Leichtes Schneetreiben hatte eingesetzt und glitzerte im Licht des linken Scheinwerfers. Der rechte war defekt.

Seine Freundin krümmte sich auf dem Autositz. »Nein, in der Klinik nehmen sie ihn uns weg. Die Sache ist zu wichtig. Und du musst ins Gefängnis und wirst abgeschoben. Das hatten wir doch alles besprochen. Außerdem suchen sie uns.«

»Aber wir schaffen es nicht mehr bis zu meiner Schwester nach Heidelberg.«

»Fahr jetzt rechts ran!«

»Vorne ist ein Feldweg.« Ruckartig blieb der Wagen auf dem festgefrorenen Matsch stehen. Yusuf stieg aus und umrundete das Auto. Er öffnete Maries Tür. Diese fuhr erneut zusammen und zitterte am ganzen Körper.

»Mir ist schrecklich kalt. Jetzt geht es wieder los.« Der Druck war mittlerweile so groß, dass sie glaubte innerlich zu verbrennen. Es zog, loderte und zerrte gleichzeitig in dem Mädchen.

»Da hinten sehe ich schon das Krankenhaus. Lass mich den Notarzt rufen.« Yusufs sorgenvoller Blick wanderte zwischen dem nur wenige Kilometer entfernten Klinikum, das sich über Groß-Umstadt erhob, dem Handy und seiner Freundin hin und her. Davor befand sich der Ort Richen. Fast idyllisch lagen die gezuckerten Dächer im winterlichen Morgen.

»Sie dürfen es mir nicht wegnehmen«, stammelte Marie. Panik lag in ihrer Stimme. Der kalte Wind fegte über die Felder und wirbelte Eiskörner auf. »Ich friere so.« Sie hatte seit der letzten Wehe kaum eine Minute zum Durchatmen.

Ein Stück den Feldweg entlang stand ein baufälliges Gebäude. Der junge Mann deutete in die

Richtung. »Fahren wir wenigstens dorthin.« Yusuf schloss die Beifahrertür und stieg ein. Rumpelnd bewegte sich der Wagen. Bei jedem Loch im Boden setzte der Fiesta auf. Marie schrie dabei vor Schmerzen.

Endlich kam das Auto vor dem hölzernen Scheunentor zum Stehen. Yusuf eilte aus dem Wagen. Windschief hingen die Flügel in den Angeln. Verzweifelt rüttelte er daran. Er zog mit Leibeskräften. Mit einem Ruck sprang es auf. Ein Vorhängeschloss fiel klirrend auf den Boden.

Drinnen war es dämmrig. Hier lagerten Strohballen als Winterfutter für einen Altheimer Bauernhof. Es war bitterkalt. Wenigstens hielten die Wände Wind und Schnee ab.

Marie versuchte aus eigener Kraft auszusteigen. Doch ihre Beine gehorchten ihr nicht. Sie knickte ein und wäre um ein Haar auf das steifgefrorene Gras gestürzt. Wie Glas brachen einzelne Halme. Yusuf musste sie stützen. Er setzte sie auf einen der geplatzten Ballen.

Dann eilte er mehrfach zum Auto und zurück. Er holte die alte Kolter aus dem Kofferraum und legte sie um seine Freundin.

»Ich glaube es geht los. Tu doch was!«

Seine Schwester hatte sich bereit erklärt, eine Hausgeburt durchzuführen. Immerhin schenkte sie fünf Kindern das Leben. Bisher dachte Yusuf, dass seine Rolle bei der Entbindung darin bestünde, heißes Wasser zu holen und Maries Hände zu halten. Der junge Mann war bereits einmal bei einer Geburt anwesend. Mit fünfzehn. Er durfte damals eine Zeitlang bei dieser syrischen Familie wohnen. Die Schwangere im Flüchtlingslager konnte dabei auf die Hilfe ihrer Schwiegermutter und fünf weiterer Frauen zählen. Alle schienen genau zu wissen, was zu tun sei. Doch er?

Erneut krümmte sich Marie und brüllte nach Leibeskräften. Noch nie hatte Yusuf einen Menschen derart schreien gehört. Schnell eilte er zu seiner Freundin. Unbeholfen hielt er den seit Jahren abgelaufenen Erste-Hilfe-Kasten des Autos und ein schmuddeliges Handtuch in den Händen. Yusuf zog rasch die Daunenjacke aus. Sein Atem kondensierte. Er streifte die Ärmel seines Pullis bis zu den Ellenbogen nach oben und half Marie, ihr Kind auf die Welt zu bringen.

***

Missmutig legte Bernd Dornwald seine FAZ auf den Tisch. Der Bericht über die Flüchtlingskrise hatte ihn erbost. »Diese Schmarotzer kommen doch alle nur, um sich bei uns das Kindergeld zusammenzuficken.«

Marie saß still wie ein Mäuschen auf ihrem Stuhl. Sie hatte an diesem Morgen den weiten

Schlabberpulli an. Der verbarg ihren Bauch am besten. Appetit hatte sie keinen.

Ihr Vater bemerkte das kaum angerührte Kirschmarmeladenbrot. »Ich weiß gar nicht, warum du so fett geworden bist, wenn du kaum was isst.«

Marie schluckte die fiese Bemerkung herunter. Wie sie es ihr Leben lang immer getan hatte.

Herr Dornwald schmierte sich derweil eine dicke Schicht Leberwurst auf eine Brötchenhälfte. »Letztens ist wieder ein deutsches Mädchen von so einem Saukerl vergewaltigt worden.« Er biss herzhaft in sein Frühstück. »In Freiburg. Wenn ich was zu sagen hätte. Glücklicherweise gibt es jetzt eine Alternative zur CDU in diesem Land. Du gehst jedenfalls abends nicht alleine aus dem Haus. Und diesen Kanakentreff in der Pfarrei wirst du auch nie mehr besuchen. Da schicke ich dich extra auf eine katholische Schule, weil dort weniger Ausländer sind, und dann das.«

Marie nippte an ihrem Früchtetee. Sie dachte an das erste Mal, als sie Yusuf begegnet war.

Ihre Messdienergruppe hatte beschlossen, sich um Flüchtlinge zu kümmern. Mehrere waren im ehemaligen Dieburger Kapuzinerkloster untergebracht. Unbegleitete Minderjährige. Kaum älter als sie. Der Pfarrer vermittelte den Kontakt. Die österliche Fastenzeit hatte gerade begonnen. Sie kauften Brötchen und andere Frühstücksutensilien und deckten im Gemeinschaftsraum einen großen Tisch. Wenige Minuten danach betraten die Flüchtlinge das Zimmer. Ein Afrikaner und vier arabisch aussehende, junge Männer. Einer war Yusuf. Er setzte sich neben Marie.

Während die anderen mit Händen, Füßen und ein paar Brocken Englisch miteinander sprachen und aßen, wirkte der schwarzhaarige, schlanke Jugendliche mit den mandelbraunen Augen schüchtern.

»Hello, my name is Marie«, versuchte das Mädchen das Eis zu brechen. Sie reichte ihm das Körbchen mit den Körnerbrötchen.

»Ich heiße Yusuf«, sagte dieser in erstaunlich gutem Deutsch. Dabei sahen sich die beiden das erste Mal direkt an.

Die Vierzehnjährige glaubte eigentlich nicht an die große Liebe. Sie interessierte sich zwar für Jungs. Aber die strengen Eltern kontrollierten ihr ganzes Leben. Nicht erst seit ihrer depressiven Phase, die ihr drei Monate stationäre Behandlung in Riedstadt eingebracht hatte. Tabletten halfen gegen die Stimmen in ihrem Kopf. Immerhin durfte sie Messdienerin sein. Seit diesem Blick jedoch war es um sie geschehen.

Die erste Unterhaltung dauerte bis zum Nachmittag. Sie erfuhr, dass der Achtzehnjährige aus Palästina stammte und in einem Flüchtlingslager auf die Welt kam. Die Eltern starben bei einem israelischen Luftangriff. Da war er gerade fünf. Er wuchs mit seinen Schwestern bei einem Onkel auf. Wechselnde Zeltstädte, tagelang auf Wanderschaft. Das Leben im Camp wurde irgendwann so unerträglich, dass er den Plan fasste, nach Europa zu gehen. Wie die vielen anderen. Sonst hätte er zum Militär gemusst. Gelernt, zu schießen und zu töten. Das ertrug er nicht. Also die Flucht. Seine älteste Schwester hatte es bis nach Deutschland geschafft.

Tagelang trieb das Boot führerlos über das Mittelmeer. Kurz vor der Küste kenterte dieser Seelenverkäufer. Sieben ertranken. Darunter der fünfzehnjährige Sabahudin. Auf dem Weg waren sie Freunde geworden.

Die Erwachsenen erzählten, dass Minderjährige bessere Chancen besaßen. Deshalb nahm er den Ausweis des Toten und gab sich seither bei den Behörden für ihn aus. Sein eigentlicher Name sei allerdings Yusuf. Er wollte von Anfang an ehrlich zu Marie sein.

Die Gruppen trafen sich fortan wöchentlich. Zum Frühstücken. Sie luden die Flüchtlinge auch ins Kino oder auf ein Eis ein. Immer war Marie an Yusufs Seite. Nie waren ihre Gespräche langweilig. Nie behandelte er sie wie ein Kind. Die beiden tauschten Nummern und E-Mail-

Adressen aus. Schrieben sich stundenlang. Später schlich sich Marie unter dem Vorwand, ihre Freundin Natalie zu treffen, zu ihm. Kurz vor Ostern kam es zum ersten Kuss. Die Welt um sie herum verschwand. Nie war sie glücklicher.

Das Mädchen spuckte die Psychopharmaka, die sie träge werden ließ, ins Klo. Auch wenn darauf die Stimmen manchmal wiederkamen und Unmögliches von ihr verlangten.

Das Ausbleiben ihrer Periode verdrängte sie wochenlang. Die ständige Übelkeit versuchte sie sich schönzureden. Sie sprach mit Yusuf darüber. Er überzeugte sie zu einem Test. Bange Minuten später wussten sie: Ende des Jahres würde sie ein Kind bekommen. Mit wem sollte sie darüber reden? Sie ging noch zum Kinderarzt. Ihre Mutter war immer dabei. Ein paar anonyme Anrufe bei Pro-Familia beruhigten sie ein wenig. Es gab Möglichkeiten für betreutes Wohnen in ihrem Alter.

Niemand dufte etwas von der Beziehung erfahren. Dazu die ständige Angst, dass ihre Schwangerschaft auffiel. In der Schule, bei ihren Freundinnen und natürlich in der Familie. Einladungen ins Schwimmbad schlug sie stets aus. Sie änderte ihren Kleidungsstil, um den Bauch zu kaschieren. Nur Yusuf konnte sie sich anvertrauen. Er blieb bei ihr. Inzwischen machte er eine Lehre in einem KFZ-Betrieb.

***

Das Telefon riss Marie aus ihren Gedanken. Ihr Vater stand auf.

»Dornwald«, meldete er sich in seinem typischen, mürrischen Tonfall. »Herr Mielke, was gibt es denn?« Sekundenlang passierte nichts. Allerdings änderte sich die Gesichtsfarbe ihres Vaters in purpurrot. Schließlich legte er auf und stürmte mit drei kräftigen Schritten auf Marie zu. Eine schallende Ohrfeige zerriss die Stille.

»Unser Nachbar sah dich in der Fußgängerzone. Ob ich wüsste, dass meine Tochter mit `einem Türken´ rumknutschen würde.«

Es wurde der schlimmste Tag ihres Lebens. Während ihr Vater ausrastete und sie schlug, dachte Marie an das Kind in ihrem Schoß, dem nichts passieren durfte. Ihre Mutter saß daneben und weinte.

»Hör auf, ich bin schwanger!«, platzte es aus ihr heraus. Der verdutzte Vater hielt tatsächlich inne. Die Mutter bekam einen Heulkrampf.

»Diesen Vergewaltiger bringe ich in den Knast!« Bernd Dornwald bebte vor Zorn. »Und das da«, er zeigte auf Maries Bauch, »lassen wir wegmachen.«

»Und wenn es dafür schon zu spät ist?«, keifte die Mutter. »Welche Schande!«, giftete sie in Maries Richtung.

»Keine Sorge. Ich finde jemanden, der das erledigt. Wie lange treibt er es mit dir?«

»Wir haben doch nie…«, stammelte Marie.

»Wahrscheinlich hat sie dieser Kinderschänder mit KO-Tropfen gefügig gemacht«, sagte ihre Mutter. »Das liest man ständig. Was werden bloß die Nachbarn denken?«

»Aber die Stimmen…«, versuchte es Marie und blickte flehentlich zu ihrer Mutter.

»Nimmst du etwa deine Tabletten nicht? Gleich, wenn das bereinigt wurde«, sie sah auf den Unterleib ihrer Tochter, »bringen wir dich wieder bei Doktor Nefarius unter.«

Was folgte war Zimmerarrest, damit sie seinen Namen verriet. Ohne Handy und Internet. Lediglich zu den Mahlzeiten kam sie raus. In den nächsten drei Tagen ließ Frau Dornwald ihre Tochter von der Schule zuhause. Erfand eine Ausrede. Irgendwann hätten sie zum Arzt gemusst. Doch der sollte nichts von Maries Zustand mitbekommen. Daher durfte sie wieder in den Unterricht. Herr Dornwald fuhr sie bis zum Haupteingang und holte sie dort täglich ab.

»Du musst mir helfen«, sagte Marie in einer Pause zu ihrer Freundin Natalie. »Ich halte es zuhause nicht mehr aus.«

Diese hatte es übernommen, den Kontakt zu Yusuf zu pflegen. In Freistunden skypten sie über Natalies Handy miteinander. Sooft er es einrichten konnte, fuhr er mit dem alten Fiesta eines anderen Azubis nach Darmstadt zu Maries Schule. Nur, um sich aus der Ferne zu sehen. Ganz selten ergab sich die Möglichkeit zu einer heimlichen Begegnung. Dabei schmiedeten sie gemeinsame Zukunftspläne und hielten sich fest, dass sie zu spät im Unterricht erschien.

Der erste Weg würde sie zu Yusufs Schwester nach Heidelberg führen. In deren Wohnung sollte Maries Kind geboren werden. Bei ihr wollten sie sich solange verstecken, bis sie über das Jugendamt eine passende Wohngruppe gefunden hätten.

Bernd Dornwald brachte jedoch in der Zwischenzeit in Erfahrung, wer von den Flüchtlingen der potentielle Kindsvater war. Er erstattete sofort Anzeige. Als die Polizei am Eingang des Kapuzinerklosters klingelte und dem verdutzten Sozialarbeiter einen Haftbefehl zeigte, sprang Yusuf aus dem Fenster. Am Dieburger Bahnhof parkte der inzwischen gekaufte Wagen. Er entkam um Haaresbreite.

Danach tauche er bei seiner Schwester in Heidelberg unter. Doch sogar dort meldeten sich wenige Tage später die Beamten. Ihr Bruder würde wegen Sexualdelikten und Verstößen gegen das Aufenthaltsgesetz gesucht. Seine falsche Identität war, wie auch immer, im Laufe der Ermittlungen gegen ihn aufgeflogen. Seither versteckte er sich an anderen Orten. Oder er schlief im Auto. Er bettelte, sammelte Pfandflaschen und klaute manchmal, um über die Runden zu kommen. Die Möglichkeiten, mit Marie Kontakt zu halten, gestalteten sich immer schwieriger. Die Nächte, in denen er im Auto schlief, wurden kälter.

An einem Wintertag vibrierte sein Handy. Natalies Nummer. Doch Marie war am Telefon. Sie klang panisch.

»Yusuf, mein Schatz, du musst mich hier rausholen. Ich habe vorhin meinen Vater belauscht. Er hat jemanden gefunden, der unser Kind abtreibt. In Tschechien. Für 20.000 Euro. Sie riefen in der Schule an und meldeten mich die ganze Woche krank. Mir erzählten sie, dass er einen Geschäftstermin bei Prag hätte und die Familie einfach mitnehmen würde. Ich solle mich freuen! Kannst du dir das vorstellen?«

»Wann wollen sie fahren?«

»Schon morgen früh.«

»Pack ein paar Sachen zusammen. Kannst du dich heimlich rausschleichen?«

»Nein, sie schließen mich jeden Abend ein. Die Fenster sind zu hoch.«

»Eine Leiter?«

»Das könnte klappen. Unsere ist im Keller. Du müsstest was mitbringen. Sei bloß vorsichtig. Mein Vater hat ein Gewehr.«

»Kann ich dich über WhatsApp erreichen, wenn ich alles klar habe?«

»Ja, Natalie hat mir in der Schule heimlich ihr Handy gegeben.«

In der Nacht konnte Marie nicht schlafen. Sie klemmte einen Stuhl unter die Türklinke. Sollten ihre Eltern doch versuchen, sie nach Tschechien zu verschleppen, bevor Yusuf bei ihr war. Die kleine Umhängetasche war längst gepackt. Dazu das bisschen Geld aus ihrem Sparschwein. Immer wieder blickte sie nach draußen. Es war so kalt, dass sie im Schein der Straßenlaterne das Eis in der Regentonne glitzern sah.

Um vier Uhr nachts kam die erlösende Nachricht. `Bin da. Komm zum Fenster´. Es klapperte und eine Aluleiter dockte am Sims an. Marie hatte den Rollladen gegen ihre sonstigen Gewohnheiten offen gelassen, um keine verdächtigen Geräusche zu verursachen. Jetzt öffnete sie und kletterte. Die Tasche auf dem Rücken.

Unten umarmten sich die Liebenden. Noch waren sie in höchster Gefahr. Das elterliche Schlafzimmer lag ebenerdig. Hand in Hand liefen sie zur Straße. Gegenüber parkte der verbeulte Ford.

Yusuf drängte Marie, gleich einzusteigen. Doch die ging ein paar Meter zu ihrem Haus zurück. Vor der akkurat gestutzten Hecke stand der jägergrüne Audi Q7 ihres Vaters. Sein ganzer

Stolz. Er war zwar geleast, beeindruckte die Nachbarn trotzdem. Ein kräftiger Tritt von ihr und der Außenspiegel brach ab. Schrill ertönte die Alarmanlage. Marie rührte sich sekundenlang nicht. Ihr Gesicht jedoch strahlte. Drinnen im Haus ging Licht an. Yusuf griff Maries Hand und zog sie zum Wagen. Er startete. Der Motor heulte auf, als er vor Aufregung vergaß, in den zweiten Gang zu schalten, während er um die Kurve fuhr.

»Ich bin so froh, dich zu sehen.« Yusuf blickte in den Rückspiegel.

»Verfolgt er uns?«

»Das glaube ich kaum. Ich habe vorhin Bauschaum in die Auspuffe gespritzt.« Er lächelte seine Freundin an und legte sanft die Hand auf ihren prallen Bauch. »Dein Vater wird aber die Polizei rufen. Wir bleiben besser auf den Nebenstrecken.«

***

Das Baby schlief selig in Maries Armen. Ein Mädchen. Sie nannten es Miriam. Die junge Mutter war erschöpft aber aus tiefstem Herzen glücklich. Die Schmerzen der letzten Stunden waren vergessen.

Yusuf war die ganze Zeit bei ihr. Schließlich wickelte er seine Tochter in die saubersten Sachen, die er finden konnte. Verzückt liebkoste er Marie und das Baby. »Kann ich euch wirklich eine halbe Stunde alleine lassen?«

»Uns beiden geht es gut. Miriam hat getrunken. Aber sie braucht Windeln.«

Sorgenvoll blickte der junge Vater zu seiner kleinen Familie. Dann zog er die Jacke an. »In Altheim ist ein Laden. Der hat noch offen. Dort gibt es bestimmt auch Feuchttücher und so. Ich bringe uns etwas zu essen mit. Hast du Geld?«

Marie deutete auf ihre Reisetasche. »Vorne, hinter dem Reißverschluss.«

Yusuf küsste seine Braut und streichelte zärtlich über das Köpfchen des Babys. Darauf öffnete er das Scheunentor.

Marie hörte den Wagen anfahren und sich entfernen. Sanft wiegte sie ihr Kind. Im elenden Lager auf Stroh, Laken und der goldenen Rettungsdecke aus dem Autoverbandskasten.

`Das hast du sehr gut gemacht´, sagte die Stimme in ihrem Kopf.

Marie blickte auf das Baby. »Sie ist etwas ganz Besonderes«.

`Ja, das ist sie. Miriam wird die Welt verändern.´

Marie dachte an ihre Messdienerzeit. An das Kreuz in der Kirche. »Hört man dieses Mal auf Gottes Botschaft, oder endet es wie damals?«

`Der Tod ihres großen Bruders war keinesfalls umsonst. Es gab in den letzten zweitausend Jahren nicht nur Schlechtes.´

»Aber es herrscht so viel Krieg, Hass und Gewalt in der Welt.«

`Deshalb hat SIE ja beschlossen, es noch einmal mit euch Menschen zu versuchen.´

Esels Weihnachtsfreude
Hildegard Hillenbrand

Franz der Esel schreit i-ah
ist denn niemand für mich da,
der mir Heu zu fressen gibt
und mich, den grauen Esel liebt?

Und ein Stern steht über'm Stall
schenkt dem Esel einen Strahl.
Dieser lässt das Schreien sein,
legt sich ruhig hin und schläft gleich ein.

Franz ist bald in dieser Nacht
wieder aus dem Schlaf erwacht,
sieht, dass in dem Stalle sind
Maria, Joseph und das Kind.

Ehe er's begreifen kann,
wird die Stalltür aufgetan,
und ein heller Sternenschein
führt Hirten in den Stall hinein.

Geh'n zum Kind mit leisem Schritt,
bringen ihm Geschenke mit,
und der Franz bekommt sein Heu,
damit er nicht mehr hungrig sei.

Franz frisst sich nun richtig satt,
schmatzend er zur Krippe trabt
und er wackelt mit den Ohr'n,
wann wurde dieses Kind gebor'n?

Rabattschlacht
Marc Mandel

Wie war das noch mal mit den guten Vorsätzen? Ist ja schon etwas her seit Silvester. Aber zu diesem Jahreswechsel wird es ernst: Im kommenden Jahr wollen wir aufrichtig versuchen, besser mit dem Einkommen auszukommen. Deshalb wird nur noch gekauft, was gewissenhaft geplant war.

Als »Homo Oeconomicus« stelle ich also mit der Familie einen Wirtschaftsplan auf: Vor Weihnachten kaufen wir nichts – weil die kriminellen Einzelhändler jetzt ihre Preise nach oben korrigieren. Im Januar kommt endlich die Espressomaschine dran, um die meine Frau seit einiger Zeit herumschleicht. Im Februar hat der Sohn Geburtstag. Er will ein schnelleres Tablet mit externer SSD-Festplatte. Und zu Ostern wollen wir uns dann endlich einen ordentlichen 3D-Drucker leisten.

Solche Käufe wollen sorgfältig erwogen werden, denn eigentlich haben wir ja alles. Deshalb ziehen wir am Wochenende in die Innenstadt, um das Angebot zu sichten – und sind erstaunt: Riesige Schilder versprechen neunzehn, zwanzig, dreißig, fünfzig, ja sogar achtzig Prozent Preisnachlass. Und uns Käufern den Himmel auf Erden. Black Friday plus Winter-Sale. Wollte man früher sparen, musste man Münzen in einem Porzellanschwein sammeln. Heute ist es umgekehrt: Je mehr Du kaufst, umso reicher wirst Du.

Wir sind natürlich aufgeklärt genug, um solche Sprüche skeptisch zu betrachten, aber da wir schon einmal da sind, nehmen wir eben noch einen Winterschal mit und ein paar Handschuhe. Dazu das neue Buch von Heinrich Steinfest. Und so eine LED-Taschenlampe kann man ja immer brauchen.

George Bernhard Shaw meinte, dass selbst die Hölle mit guten Vorsätzen gepflastert ist. Wie allerdings am Ende das Tablet in den Einkaufswagen kam, und die Espressomaschine und der 3D-Drucker – das wissen wir selbst nicht mehr so genau.

Leise pieselt Else
Oliver Baier

Leise pieselt Else
Schrill und starr schreit's- ohwe
Sein Antlitz glänzet ihr Kleid
Weine nicht, s' Kindchen kommt bald

In den Schmerzen sitzt Scham
Still bleibt Dummerles Wahn
Er will sie morden, schon bald
Weine nicht, s´ Kindchen erhallt

Kalt in eisiger Nacht
Dein Grab bald von Englein bewacht
Ich nehm dein Kind und es knallt
Weine nicht Kindchen, du bist nun kalt

(Melodie: Leise rieselt der Schnee)

Weihnachtszeit
Hildegard Hillenbrand

Weihnachtszeit.
Hektik, Stress
Letzte Einkäufe erledigen
Was habe ich vergessen?
Egal

Ein Weihnachtstraum in Prosa
Marc Mandel

Das ultimative Weihnachtsgeschenk kommt aus dem Fernen Osten. Es heißt »Twendy-One« und wurde von der japanischen Waseda-Universität entwickelt.

»Twendy-One« ist ein Roboter mit extrem beweglichen Gelenken, rasend schnellem Neutronenhirn und Sensoren am ganzen Körper. Bei einer Größe von einem Meter fünfzig bringt der elektronische Hausdiener etwas mehr als zweihundert Pfund auf die Waage. Im Übrigen ist er lernfähig und bereit, alles zu erledigen, was wir heute noch liebenswerten Mitmenschen verdanken.

Bei einer Präsentation in Tokio holte er Tomatensaft aus dem Kühlschrank und goss ihn ein, ohne etwas zu verschütten. Dass er nirgends anstößt, versteht sich von selbst. Und dass er einen Toaster beladen kann, ebenso. Er hört sogar, wenn das Brot braun gebrannt ist, bringt es her und bestreicht es mit Butter. Was man ihm einmal gezeigt hat, vergisst er nie wieder. Beim Putzen, Spülen, Waschen oder Bügeln lächelt er sogar und kann perfekt Reißverschlüsse öffnen oder Blusen aufhängen.

Am Morgen hilft er seiner Dame in die viel zu engen Hosen, bindet ihr die Schuhe zu und erinnert an den Schirm. Am Nachmittag weist sie ihn fünf Minuten vor ihrer Ankunft per Funk an, die Kaffeemaschine einzuschalten und der Hausherrin die Tür zu öffnen. Er erwartet sie mit einem Kniefall und hat bereits die Pantoffeln in der Hand. Da er die Rezepte ihrer Mutter in allen Einzelheiten kennt, hat er einen leckeren Kuchen gebacken. Die Flasche Sekt für den Abend ist ebenfalls kalt gestellt.

Er zeigt ihr die Post, die er bereits selbständig beantwortet hat, macht Vorschläge, auf die restlichen Briefe zu reagieren, holt schließlich den Hausmantel und beginnt, seine Königin zu entkleiden. Genüsslich beugt sie sich nach vorne, nennt ihm ihren Lieblingssender und lässt sich von angenehm-weichen Fingerkuppen den Rücken kraulen.

Aber bevor Sie jetzt Ihre Eilbestellung per E-Mail senden, meine Damen: »Twendy-One« ist nur ein Prototyp und leider erst 2030 lieferbar.

coortext

Die Autorinnen und Autoren

Oliver Baier lebt und arbeitet als Physiotherapeut in Groß-Gerau. Bisher hat er mit dem Autorenkollektiv Viola Haas den GG-Krimi »Elektro-Schock« veröffentlicht, der die Schusswaffe in Bronze des Main-Taunus Krimipreises erhalten hat. Mit seinem eigenen Kurzkrimi »Wolfsmärchen« erhielt er den Förderpreis des Stockstädter Literaturwettbewerbs. Mit »Westend-Kirschen« und »Würzburger Bocksbeutel« sind zwei weitere Kurzgeschichten veröffentlicht worden. Aktuell arbeitet er an seinem Thrillerdebüt.

Ellen Eckhardt ist geboren und aufgewachsen im schönen Schwabenland. Schon mit neun Jahren erhielt sie ihren ersten Buchpreis für den Aufsatz »Meine liebste Beschäftigung«. Trotz dieser frühen literarischen Neigung verbrachte sie ihr Berufsleben bei der Pflege kranker Menschen auf Intensivstationen und in der Anästhesie.

Jetzt, in der Rente, zog sie die Literatur wieder in ihren Bann. Sie liest und erschafft schreibend neue Welten.

Martina Füg, kaufmännische Angestellte, Diplom-Psychologin, Gästeführerin (BVGD), Tätigkeiten im Ehrenamt, verheiratet, lebt in Darmstadt. Ihre Vorliebe gilt den Variationen von Sprache, Schrift, Literatur, Theater, Film, Fotografie, Museum und Musik. In ihrer freien Zeit freilich geht sie ins Freie. »Jeder Morgen bietet die Chance eines ganzen Tages.« (Ernst R. Hauschka)

Thomas Fuhlbrügge (Jahrgang 1974) ist Lehrer für Katholische Religion, Politik & Wirtschaft, Ethik und Philosophie an der Bachgauschule in Babenhausen. Der Autor, Musiker und Liedermacher lebt mit seiner Frau und seinem Sohn im südhessischen Altheim.

Seine bisherigen Krimis `Gassenspieß – Ein historischer Altheimkrimi´ , `Nauru – ein Krimi vom Ende der Welt´ und `Massengrab´ erfreuen sich einer immer größer werdenden Leserschaft.

Hildegard Hillenbrand (Jahrgang 1951) ist Erzieherin, anerkannte Leiterin für Jeux-Dramatiques, zertifiziert in rhythmisch-musikalischer Erziehung und Clownin.
Bekannt wurde sie auch als Co-Autorin vieler Kinderlieder, die beim Schott-Verlag, Bärenreiter Verlag, Waldkauz-Verlag, Pepito Musikverlag und im Verlag Gruppenpädagogischer Literatur veröffentlicht wurden.

Martin Kreuzer (Jahrgang 1960) arbeitete als kaufmännischer Mitarbeiter und IT-Administrator in südhessischen Firmen. Bei Reisen ins In- und Ausland holt er sich seine Inspiration für die Gedichte und Geschichten. Er lebt z.Zt. in der Nähe von Darmstadt.

Daniele Ludewig, geboren 1974, hat in Darmstadt Architektur studiert und nach ihrem Diplom als freie Architektin in Darmstadt und am Tegernsee gearbeitet. Auf der Suche nach persönlicher Entfaltung durchstreifte sie die Schauspielerei, Malerei und Fotografie, bis sie das Schreiben für sich entdeckte.

Auf ihrer Internetseite *bellesophie.com* schreibt sie regelmäßig über Architektur, Kultur und Gesellschaft.

Marc Mandel (Jahrgang 1948) war viele Jahre als Rockmusiker und Hotelpianist unterwegs. Heute lebt er als freier Schriftsteller in Griesheim bei Darmstadt.

1968 schrieb er die ersten Kolumnen und satirischen Beiträge. Daneben entstanden Aphorismen, Gedichte und Kurzgeschichten. Seit 2002 als freier Journalist tätig, u.a. für das Darmstädter Echo. Publikationen: Morden! Kurzkrimis, chiliverlag 2014. Machen! Silben, Sätze, Sensationen. Marc Mandels minimalistischer Merkratgeber für moderne Manuskriptmacher, chiliverlag 2016. Machen 2.0. Gedichte schreiben für Rapper Slammer Liedermacher, chiliverlag 2019.

Klaus Pfeifer (Jahrgang 1968) lebt mit Frau und zwei Kindern in Darmstadt. In den ersten Berufsjahren arbeitete er ausschließlich als Architekt. Heute überwiegt die unternehmerische Tätigkeit. Einen kreativen Ausgleich findet er in künstlerischen Herausforderungen wie Modellieren, Zeichnen und Schreiben. Sein handwerklicher Background zeigt sich dabei hilfreich sowie Idee bringend in der Freizeitgestaltung mit seinen Kindern.